________________ 님의 소중한 미래를 위해

이 책을 드립니다.

주린이도 술술 읽는
친절한 ETF

주린이도 술술 읽는
친절한
ETF
ETF 왕초보가 꼭 알아야 할 기본
중앙일보 머니랩 지음

메이트북스 우리는 책이 독자를 위한 것임을 잊지 않는다.
우리는 독자의 꿈을 사랑하고,
그 꿈이 실현될 수 있는 도구를 세상에 내놓는다.

주린이도 술술 읽는 친절한 ETF

초판 1쇄 발행 2026년 1월 20일 | **초판 2쇄 발행** 2026년 2월 10일 | **지은이** 중앙일보 머니랩
펴낸곳 (주)원앤원콘텐츠그룹 | **펴낸이** 강현규·정영훈
등록번호 제301-2006-001호 | **등록일자** 2013년 5월 24일
주소 04607 서울시 중구 다산로 139 랜더스빌딩 5층 | **전화** (02)2234-7117
팩스 (02)2234-1086 | **홈페이지** matebooks.co.kr | **이메일** khg0109@hanmail.net
값 18,000원 | **ISBN** 979-11-6002-440-1 03320

"건초더미에서 바늘을 찾지 말고,
그냥 건초더미를 사라"

• 존 보글(뱅가드그룹 설립자) •

이제 ETF가 주식투자의 대세다

"건강하게 오래 살았으면 좋겠어요."

"노후에도 걱정 없이 지내고 싶어요."

아마 모든 사람의 소원 아닐까요? 그런데 이렇게 걱정 없이 살기 위해 우리가 바라는 게 또 하나 있습니다. 바로 "돈을 많이 벌고 싶어요!"입니다.

부자가 되고 싶다고 하면 점잖지 못하다고 수군대던 시절도 있었습니다. 하지만 이제는 떳떳한 방법으로 경제적 부(富)를 쌓는 것은 개인의 능력이자 정당한 보상이라는 인식이 자리 잡았죠. 현실적으로도 100세 시대를 살아가려면 몸을 움직여 돈을 벌지 못해도, 돈이 스스로 움직여 돈을 벌도록 해야 합니다.

그래서 요즘 필수가 된 게 바로 '투자'입니다. 지금은 과거 경제성장기와 달리 예·적금 금리는 쥐꼬리만 하고 특정 업종을 제외하면 월급도 찔끔 오릅니다. 임금보다 물가가 더 빨리 올라 수입을 고스란히 모아도 '실제로는 마이너스'란 얘기가 나오죠.

상대적으로 안전하면서 차근차근 돈을 불려갈 방법은 없을까요? 상장지수펀드(ETF)는 우리 같은 보통 사람들이 가장 쉽고 부담 없이 트렌드에 맞게 투자할 수 있는 수단입니다.

ETF는 코스피, 스탠더드앤드푸어스(S&P)500 같은 지수(Index)의 수익률을 따라가는 펀드, 즉 '인덱스펀드'를 거래소에 상장시켜 놓은 상품입니다. 개별 주식 종목처럼 언제든 사고팔 수 있으니 쉽고, 개당 가격이 1만~2만원대에 수수료도 낮아 부담이 덜합니다. 증시와 산업의 대표 지수를 따라가는 것이라 상대적으로 안전하고, 특별한 전문지식 없이 유망한 분야(산업)에 투자할 수 있다는 것도 장점입니다. 물론 이런 장점이 있다는 건 복권 당첨처럼 당장 '대박'이 나긴 어렵다는 얘기도 됩니다. 원금 보장 상품은 아니니 손실이 날 수도 있고요.

그럼에도 불구하고 ETF는 '예측하기 힘든 시장의 변동성, 언제 수입은 줄고 지출은 늘어날지 모르는 인생의 변화'를 대비하면서 은행 금리보다 높은 수익률을 얻는 데 매우 효과적인 투자 수단이 될 수 있습니다. 오죽하면 '투자의 현인'이라 불리는 워런 버핏이 유언장에서 자신의 재산 90%를 미국을 대표하는 S&P500 인덱스펀드에 투자하라고 했을까요.

버핏의 유언은 아내를 비롯해 투자 지식과 경험이 부족한 가족을 위한 실질적인 매뉴얼이었습니다. 아무리 돈이 많고, 투자로 성공했다 해도 길게 보면 시장(또는 산업) 곳곳에 나눠서 투자하고, 시장이 내는 평균수익률을 따라가는 게 '이기는 길'이란 철학이 담긴 셈입니다.

버핏의 말은 우리 모두에 대한 유언일 수 있습니다. 복잡하고 언제 어떻게 될지 모르는 개별 종목을 샀다 팔았다 하며 가슴 졸이지 말고, 시장 전체의 힘을 믿고 경제(기업) 성장의 평균적인 몫만큼만 누려도 먹고살 만한 수익을 낼 수 있다는 진심 어린 조언 말입니다.

이 책은 중앙일보 머니랩 기자 모두가 자신의 몫을 맡아 엮어낸 ETF 기본서입니다. 중앙일보의 프리미엄 재테크 콘텐츠인 〈머니랩〉을 발간하며 매일 취재하는 양질의 정보와 지식, 전문가들의 통찰력이 그 바탕이 되었습니다.

ETF를 다루었지만 환헤지·공매도·레버리지·분배금·배당금 같은 용어모음을 비롯해, 거래량이 왜 중요하고 상품마다 비용은 왜 다른지, 증권사와 자산운용사의 차이는 무엇이고 어떤 역할을 하는지 등 모든 종류의 투자에 필요한 기본 내용을 충실히 담았습니다. 더불어 연금같이 미래를 대비한 자산관리는 어떻게 해야 하는지, 최근 주목받는 성장 산업은 무엇이며, 오래오래 인정받고 좋은 성과를 내는 미국과 한국의 대표 ETF는 무엇인지도 소개합니다.

매일 기초체력 운동을 해온 사람은 어떤 활동을 해도 잘하고, 질병에도 강합니다. 투자도 마찬가지입니다. 기본 지식을 충실히 쌓고 시장을 충분히 이해하는 사람은 어떤 자산에 어떤 방식으로 투자하든 흔들리지 않고 자신이 납득할 만한 결과를 냅니다. 이 책도 "지금 빨리 이걸 사라"고 추천하기보다 미국과 유럽, 한국에서도 주요 투자수단으로 자리 잡은 ETF를 이해해 평생 투자에 활용할 수 있도록 엮었습니다.

중앙일보 독자들은 물론이고, "요즘 어떻게 투자해야 해?"라고 묻는 주변의 동료와 친구들, 지인들, 가족들을 생각하며 정성껏 취재하고 썼습니다. 나중엔 휴일을 이용해 여의도에 모여 서로의 원고를 읽고 토론하며 고치고 보완해 마무리했습니다. 최대한 쉽게 전달하려 노력했지만, 투자 분야인 만큼 집중해서 읽고 공부할 부분도 있다는 점을 미리 양해드립니다.

독자들을 위한 유익하고 뜻깊은 기회를 마련해준 메이트북스 출판사에 감사드립니다. 자세한 설명과 각종 자료, 회의 장소를 지원해준 분들께 깊이 감사드립니다. 무엇보다 이 책을 읽어주시는 모든 분께 감사드리며, 오래오래 건강하고 안정적인 투자를 이어가시길 진심으로 바랍니다.

중앙일보 머니랩

1장　ETF가 처음이에요

"ETF는 개별 종목이 아닌 지수를 따라가는 인덱스펀드!
언제든 스마트폰으로 간편하게 사고팔 수 있는 주식과,
소액으로 분산 투자할 수 있는 펀드의 장점만 모았어요."

1장

저는 ETF가 처음이에요

대통령도 투자하는 ETF,
도대체 어떤 상품인가요?

모든 ETF는 '지수'를 따릅니다.
크게는 못 벌어도 해당 지수 상승만큼은 따라가는 게 목표입니다.
해당 시장 전체, 산업 전체에 투자하는 게 기본 컨셉트로 깔린 상품인 셈이죠.

'이. 티. 에프', 영어로 E.T.F입니다. 한국 대통령이 매달 100만원씩 투자하겠다고 밝힌 상품입니다. 당시 대통령의 이 발언 하나로 ETF는 다시 한번 대중의 관심 한가운데로 들어왔습니다. 이 한마디는 투자 상품에 대한 신뢰와 관심을 동시에 끌어올렸습니다. 전문가의 영역으로 여겨지던 ETF가 일상적인 투자 선택지로 인식되는 계기가 된 셈입니다.

정식 명칭은 상장지수펀드(ETF, Exchange Traded Fund)입니다. 투자 자금이 2026년 1월 기준 300조원을 넘어설 만큼 '국민 투자' 상품으로 자리 잡았습니다. 누구나 소액으로 시작할 수 있고, 시장

빠르게 커지는 국내 ETF 시장 (단위: 원)	
2020년	52조 365억
2021년	73조 9,675억
2022년	78조 5,116억
2023년	121조 657억
2024년	173조 5,639억
2025년	276조 3,803억

※ 순자산총액(AUM) 연말 기준. 2025년은 10월 말 기준.

자료: 한국거래소

전체의 흐름에 참여할 수 있도록 설계된 가장 대중적인 투자 수단입니다. ETF는 장기 투자자뿐 아니라 투자 입문자에게도 가장 먼저 권해지는 상품으로 꼽힙니다.

여러 맛 아이스크림을 모았다고요?

ETF란 게 도대체 뭘까요? 이해하기 쉽게 친근한 비유를 들어보겠습니다.

자, 여기에 아이스크림 케이크 가게가 있어요. 딸기맛, 초콜릿맛, 바나나맛, 바닐라맛, 메론맛 등 아이스크림 케이크 종류가 아주아주 많습니다. 그런데 케이크를 사려니까 한 가지 맛 밖에 먹어볼 수 없고, 케이크가 큰 만큼 가격도 비싸서 쉽게 사기가 망설여집니다. 그

러자 가게 사장님이 아이디어를 냈어요. 가장 인기가 많은 여러 가지 맛을 한 조각씩 합쳐 작은 케이크를 출시한 거죠. 비록 양은 적겠지만 저렴한 가격에 내가 좋아하는 다양한 맛을 즐길 수 있으니 충분히 매력적이겠죠.

바로 이렇게 내가 투자하고 싶은 대상이 있는데, 그게 너무 크고 비쌀 때 그 대상을 잘게 쪼개서 싼 값으로 살 수 있게 한 게 ETF입니다. 무엇보다 증시에 상장시켜서 주식처럼 ETF를 언제든지 원할 때 사고팔 수 있게 했죠. 지금이야 흔해졌지만 처음 ETF가 세상에 나왔을 때 "획기적이다!" "신박한 상품이다!"란 반응이 터져 나왔답니다.

이름으로 알아보는 ETF의 기본

ETF의 가장 기본 개념을 '상장·지수·펀드'란 이름을 따라가면서 이해해볼까요? 그 다음에 실제 우리가 사고팔 수 있는 ETF가 어떻게 만들어지는지도 알아보겠습니다.

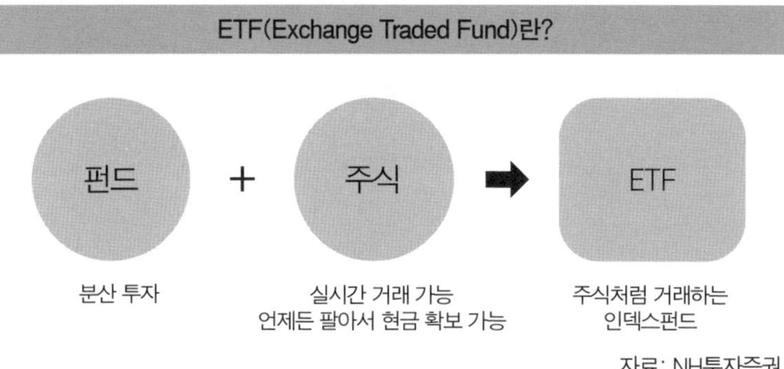

자료: NH투자증권

상장

ETF는 시장에 '상장'되어 있습니다. 개별 주식 종목처럼 ETF란 상품을 아무 때나 내가 원할 때 사기도 하고, 팔기도 할 수 있다는 거죠.

지수

지수는 영어로 인덱스(Index)입니다. 한국 증시를 대표하는 코스피, 코스닥 등 이런 게 모두 지수죠. 'KOSPI' 맨 뒤의 알파벳 I가 인덱스(index)의 첫 글자입니다. 주식시장에서 지수는 특정 시장이나 산업의 주가 움직임을 한눈에 파악할 수 있는 아주 요긴한 지표입니다. 수많은 주식의 가격을 특정 기준에 따라 종합해서 하나의 숫자로 표현한 거죠. 예를 들어보겠습니다. 코스피는 1980년 1월 4일 당시 유가증권시장의 시가총액을 기준지수 100으로 정한 뒤, 상장기업들의 시가총액이 증가한 것을 반영한 지수입니다. 코스피 3000이라고 하면 1980년 대비 한국 주식시장 시가총액이 30배로 커졌다는 뜻이죠.

모든 ETF는 '지수'를 따릅니다. 크게는 못 벌어도 해당 지수 상승만큼은 따라가는 게 목표입니다. 해당 시장 전체, 산업 전체에 투자하는 게 기본 컨셉트로 깔린 상품인 셈이죠.

실제로 많은 ETF가 시장 전체에 투자할 때 기초자산으로 삼는 지수가 '코스피200'입니다, 이름 그대로 한국 유가증권 시장(코스피)을 대표하는 대형 우량주 종목 200개를 담은 지수입니다. 200개 종목을 선정하는 기준은 시가총액, 거래량, 산업 대표성 등이 있습니다. 이 중 시가총액이 클수록 지수에 미치는 영향력이 크기 때문에 가중치도 크게 줍니다.

펀드

"펀딩(Funding)을 받게 되었다"는 말을 들어보셨죠? 펀딩이란 '돈을 모은다, 기금을 마련한다'는 의미입니다. 투자에서도 비슷합니다. 펀드는 여러 사람(투자자)에게 돈을 모아 여기저기에 투자해 수익을 낸 뒤 투자자에게 나눠주는 금융투자상품입니다. 여러 가지 주식, 채권 같은 자산을 모아서 투자하는 '바구니'가 바로 펀드라고 이 해하면 됩니다. ETF도 주식이나 채권이 들어 있는 바구니의 일종입니다.

작은 바구니 안에 큰 시장을 담은 것이 ETF

자, 그래도 쉽게 이해가 안 될 수 있습니다. '지수를 따라가는 펀드? 그럼 그 펀드 안에는 뭐가 얼만큼 있다는 거지?' 더 알기 쉽게 예를 들어보겠습니다.

코스피200 지수를 따라가는 ETF를 만든다고 가정해보죠. 코스피200은 한국 증시를 대표하는 200개 기업을 모아놓은 지수입니다. 삼성전자, SK하이닉스, LG에너지솔루션, 삼성바이오로직스, 현대차 등 대기업들이 포함되어 있죠.

가장 중요한 건 '코스피200을 구성하는 비율대로 주식을 사는 겁니다. 코스피200에서 삼성전자 비중이 15%라면, ETF에도 전체 자산 중 15%는 삼성전자 주식을 사서 넣어야 합니다. 이런 식으로 200개 종목을 코스피200 지수 비중대로 실제로 사서 바구니(펀드)를 완성합니다.

그런데 이렇게 만든 주식 바구니는 너무 큽니다. 그래서 이걸 일정한 단위로 나눈 게 바로 우리가 시장에서 사고파는 ETF입니다. 결국 어떤 ETF 1개(1좌)를 샀다면 우리는 그 안에 담긴 삼성전자 0.06주,

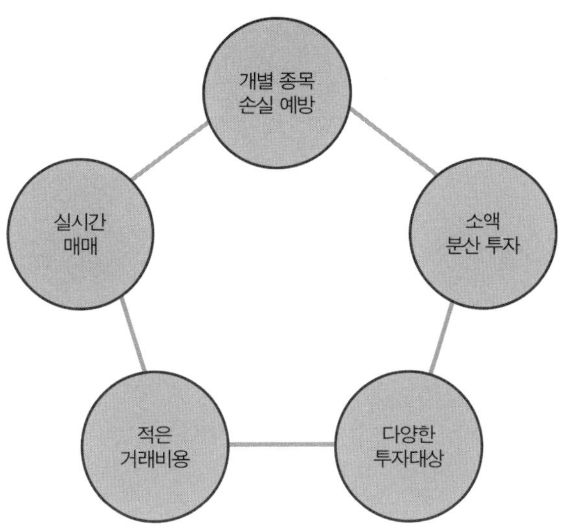

자료: NH투자증권

테슬라 0.005주, 엔비디아 0.03주 같은 식으로 소수점 단위로 여러 주식을 보유하게 되는 셈입니다. ETF 투자자 입장에선 비교적 싼 값에 특정 종목이 아닌 시장이나 업종 전체에 투자하는 장점이 있습니다.

- ETF는 '지수를 따르는 펀드'로, 시장의 흐름을 그대로 담아요.
- ETF는 주식처럼 거래소에 상장되어 언제든 사고팔 수 있어요.
- ETF는 한 종목이 아닌 여러 기업에 나눠 투자해 위험을 줄이죠.

ETF도 펀드라는데,
일반 펀드와 뭐가 다른 건가요?

ETF를 사고파는 가격은 주식처럼 실시간 매겨집니다.
내가 원하는 순간의 시장 상황에 맞춰 사고팔 수 있는 겁니다.
입금 기간도 주식과 마찬가지로 2일이면 완료됩니다.

ETF도 펀드입니다. 끝에 'F'가 펀드(Fund)라는 의미죠. 그렇다면 일반적인 '펀드'와 뭐가 다를까요? ETF나 일반 펀드나 기본적으로 '여러 자산(주식, 채권 등)을 모아서 투자'하는 상품입니다.

가장 큰 차이점은 ETF는 마치 하나의 종목처럼 주식시장에 상장되어 있다는 겁니다. 물론 현재 공모펀드도 ETF처럼 주식시장에 상장시켜 거래할 수 있는 제도가 마련되었습니다. 하지만 아직은 여기에 해당하는 펀드 수가 손에 꼽을 정도로 적고, 규제도 남아 있는 상황입니다. ETF는 투자자가 언제든 스마트폰이나 PC에서 기업 종목을 매매하듯 사고팔 수 있어 굉장히 편리합니다.

일반 펀드와 EF의 차이		
	일반 펀드	ETF
투자(가입) 방식	증권사, 은행 등 펀드 판매사에서만 가입 (직접 방문 및 인터넷 가입)	전체 증권사에서 가입 (스마트폰, PC에서 HTS 또는 MTS를 이용해 주식처럼 거래)
투자 단위	1만원부터 가입 가능	1좌 단위 매매
매수·매도 체결 시점	1~2일 뒤 거래일 가격으로 체결	즉시 체결
운용보수	연 1% 이상으로 높음	연 0.5% 이하로 낮음
투자 종목 공개	1~2개월 뒤 공개	매일 공개
환매수수료	상품에 따라 있음	없음

이와 함께 ETF는 내가 고른 상품이 어디에 어느 정도 비중으로 투자하고 있는지 언제든지 알 수 있습니다. ETF가 담고 있는 종목(자산구성내역)을 매일 공개하거든요. 해당 자산운용사 홈페이지나 ETF 관련 사이트에서 쉽게 찾아볼 수 있습니다. 이에 비해 일반 펀드는 보통 1~2개월에 한 번씩 자산운용사가 투자 내역을 공개하기 때문에 펀드의 구성 내용을 바로바로 알기는 어렵습니다.

ETF 가격은 실시간으로 매겨진다고요?

두 번째 차이점은 가격입니다. 일반 펀드는 은행이나 증권사에서 가입하는 그 순간에 매수가가 결정되지 않습니다. 펀드 종류나 가입 시기에 따라 거래일 기준으로 1~2일 뒤 가격으로 가입하게 됩니다. 내가 펀드를 산 건 오늘인데 실제로는 내일 또는 모레 결정되는 시장가격으로 사는 셈이죠.

이렇게 차이가 나는 이유는 일반 펀드의 경우 실시간이 아니라 하루에 한 번 '기준가격'이란 게 매겨지기 때문입니다. 이건 펀드를 환매, 그러니까 펀드를 팔 때도 마찬가지입니다. 내가 가입을 해지하기로 결정한 당일의 펀드 가격이 아니라 1~2일 뒤 기준가격으로 투자금을 돌려받게 됩니다. 만약 하루 이틀 사이에 시장이 크게 요동친다면 '살 때도, 팔 때도' 내가 예상한 것과 다른 가격이 적용될 수 있는 겁니다. 실제로 내 계좌로 돈이 들어오는 기간도 국내 주식형 펀드는 영업일 기준으로 1~2일, 해외 주식형 펀드는 길게는 5일도 걸릴 수 있어요.

반면 ETF를 사고파는 가격은 주식처럼 실시간 매겨집니다. 내가 원하는 순간의 시장 상황에 맞춰 사고팔 수 있는 겁니다. 입금 기간도 주식과 마찬가지로 2일이면 완료됩니다.

ETF가 일반 펀드보다 쌉니다, 싸!

세 번째 차이점은 비용입니다. 일반 펀드는 펀드매니저가 시장 평균보다 높은 수익을 내기 위해 많은 노력을 기울입니다. 직접 자산과 종목을 고르죠. 즉 일반 펀드는 펀드매니저가 '적극적으로

(active)’ 운용하는 ‘액티브 펀드’가 많은데, 매니저 개인의 실력이 펀드 수익률을 결정한다고 해도 과언이 아닙니다. 그래서 ‘스타매니저’란 말도 나왔죠. 하지만 그만큼 펀드를 운용해주는 대가로 지불하는 ‘운용 보수’도 비쌉니다. 액티브 펀드는 통상 투자 금액에서 연 1.5~2%를 운용보수로 가져갑니다. 반면 ETF는 기본적으로 해당 지수를 그대로 따라가는 ‘패시브 펀드’가 많기 때문에 운용보수도 낮습니다. 2025년 말 기준 높은 상품이 연 0.4%대, 낮은 상품은 0.1%보다 훨씬 낮은 것도 많습니다.

이 밖에 일반 펀드는 한 번 가입하면 90일 정도 환매 제한 기간을 두고, 이 안에 펀드를 해지하려고 하면 환매수수료를 내야 합니다. 하지만 ETF는 환매수수료가 없습니다. 당일에 팔든, 심지어 시장 상황에 따라 ‘단타(초단기 매매)’를 친다 해도 별도의 환매비용은 없습니다.

- ETF는 일반 펀드보다 투자 내역이 훨씬 투명해요.
- ETF는 가격이 실시간으로 변해 원하는 순간에 거래할 수 있어요.
- ETF는 운용보수가 낮고 환매수수료가 없어 비용 부담이 적어요.

모든 ETF는
지수를 따라가는 건가요?

상장지수펀드란 이름에서 알 수 있듯 모든 ETF는 '지수'가 있습니다. 지수를 충실하게 잘 따라가라고 만든 게 ETF의 탄생 배경이니까요. 하지만 어떤 지수를 얼마만큼 따라가야 하는지는 ETF 종류마다 조금 다릅니다.

예를 들어 '패시브 ETF'는 지수를 90% 이상 따라가야 하지만 '액티브 ETF'는 70%만 따라가고 나머지는 펀드매니저가 알아서 운용할 수 있죠. 이건 4장에서 자세히 알아보겠습니다.

ETF가 따라가는(추종하는) 지수를 기초지수라고 합니다. 하지만 뉴스 기사나 현실에선 기초지수, 비교지수, 벤치마크 같은 용어가

섞여 쓰입니다. 보통 지수를 따박따박 따라가는 패시브 ETF는 '기초지수'라고 표현하고, 지수보다 더 높은 수익을 추구하는 액티브 ETF에선 '비교지수'라고 표현합니다.

ETF가 열심히 따라가야 하는 기초지수들

하지만 여기에선 정석대로 '기초지수'를 중심으로 알아보겠습니다. 기초지수의 종류는 크게 대표지수, 업종지수, 전략형 지수로 나눌 수 있습니다. 여기에 하나 더, 주식뿐만 아니라 채권이나 금, 원유 같은 원자재도 가격 흐름을 나타내는 지수가 존재하며 ETF는 이를 기초지수로 삼기도 합니다.

대표지수

대표지수는 말 그대로 각 나라의 증시를 대표하는 지수입니다. 한국의 코스피200과 코스닥150, 미국의 스탠더드앤드푸어스(S&P)500과 나스닥100, 일본의 닛케이225와 토픽스(TOPIX), 중국의 상하이종합지수 등이 대표지수입니다. 이 지수들은 보통 우량한 기업들을 시가총액(덩치) 순서대로 줄을 세워 만듭니다. '나는 앞으로 한국 주식시장이 계속 좋을 것 같아'라고 본다면 코스피200을 따라가는 ETF에 투자하면 됩니다.

업종지수

업종지수는 종류도 많고 변화무쌍합니다. 불과 몇 년 전까지만 해도 인공지능(AI), 휴머노이드로봇, 비만치료제, 우주항공 같은 분야는 일반 대중들에게 잘 알려진 투자 대상이 아니었지만 지금은 아주 '핫'한 분야입니다. 요즘처럼 산업의 변화 속도가 빠를 때는 '뜨는 산업'을 반영하는 업종지수가 새로 만들어지고, '신상 ETF'도 속속 등장합니다. 그래서 업종지수를 따르는 ETF들은 빠르게 변화하는 산업 트렌드, 투자 트렌드를 반영한다는 의미에서 '테마형 ETF'라고 부르기도 합니다. 다만 대표지수에 비해 변동성이 크고, 유행이 지나면 지수 자체가 힘을 잃을 수도 있다는 점은 기억해야 합니다.

전략형 지수

전략형 지수는 조금 어렵습니다. 전략이란 건 어떤 목표를 달성하기 위한 계획이죠. 투자에서도 마찬가지입니다. 아주 쉬운 예로는 '배당을 많이 주는 종목에 투자해야지' '산업 자체가 커지는 분야에서 매년 매출이 크게 늘어나는 성장주 위주로 투자해야지' '시장점유율이 높고 덩치도 커서 오래 투자해도 안심할 수 있는 대형주에만 투자해야지' '친환경 정책을 잘 실천하는 기업에 투자해야지' 같은 전략이 있습니다. 이런 전략에 맞게 주식을 고를 수 있는 지수가 바로 전략형 지수이고, 이를 기초지수(비교지수)로 삼는 ETF가 전략형 ETF입니다.

참고로 최근엔 점점 더 복잡한 구조의 전략형 ETF가 많이 등장하고 있습니다. '커버드콜 ETF'가 대표적이죠. 예를 들어 'KODEX S&P500변동성확대시커버드콜'이란 ETF는 미국의 S&P500 지수를 따라가되 주가가 갑자기 빠지거나 오를 때도 일정 부분 수익을 확보하겠다는 전략을 쓰고 있습니다.

- ETF마다 따라가는 지수의 종류가 달라요.
- ETF는 시장 전체, 산업, 전략형 지수 등으로 구분돼요.
- ETF는 추종 방식에 따라 패시브 ETF와 액티브 ETF로 나뉘죠.

ETF는 누가 만들고, 어떻게 만드는 건가요?

ETF 상장은 기업의 IPO와 똑같이 엄격한 상장 과정을 거쳐야 합니다.
국내 증시에 상장되는 ETF 개수는 한 달에 평균 10~20개 정도입니다.

ETF를 만들어 실제 '운용(투자)'하는 곳은 자산운용사입니다. 증권사는 운용사가 만든 ETF를 판매하는 역할이고요. 그럼 ETF가 어떤 과정을 거쳐 만들어지는지, 직접 서울 여의도 A자산운용사 본사를 찾아가서 알아보죠.

남들은 아직 출근도 하기 전인 이른 아침 시간, 회의실에 벌써부터 사람들이 속속 모였습니다. A 운용사는 매주 아침마다 회의를 열고 어떤 ETF를 만들지 의견을 나눕니다. 직접 자산을 굴리는 '운용팀', 시장과 산업을 리서치(연구)하면서 소비자가 원하는 ETF가 뭔지 알아내는 '상품전략팀', 소비자들에게 통하는 참신한 마케팅 방법을 고민하는 '컨설팅팀'이 회의에 참석합니다. 이번엔 전 세계에서 인기 최고인 한국 화장품 산업에 투자하는 'K뷰티' ETF를 만들려고 합니다.

계속 잘나갈 산업·기업을 찾기

우선 국내외 뷰티 시장과 산업을 분석합니다. 현재 분위기도 중요하지만, 더 중요한 건 '앞으로'입니다. ETF 상품 하나를 만들어 상장시키려면 수개월이 걸리기 때문에 지금 만들려는 ETF가 몇 년 뒤에도 계속 잘나가야 하는 거죠. 그래서 '이건 반짝하고 사라질 테마야'라고 판단되면 탈락입니다.

운용팀·상품전략팀·컨설팅팀은 경쟁하듯 발표하고 의견을 나눕니다. 드디어 결정! K뷰티가 앞으로 수년간 이어질 '메가트렌드'라는 데 공감대가 형성된 거죠.

그 후엔 이제 ETF를 어떻게 설계(디자인)할지 논의합니다. 그 결과 3가지 분야에 골고루 투자하도록 했죠.

첫째, 아모레퍼시픽·LG생활건강·에이피알같이 인지도 높은 브랜드를 판매하는 화장품 기업들입니다. 둘째, 우수한 품질로 전 세계 화장품 기업들로부터 러브콜을 받고 있는 제조업자개발생산(ODM), 주문자상표부착생산(OEM) 기업들입니다. 한국콜마, 코스맥스 같은 기업들이 대표적입니다. 셋째, 올리브영·실리콘투 등 폭발적으로 늘어나는 K뷰티 상품을 전 세계에 유통시키는 기업들도 여기에 포함시켰습니다.

딱 맞는 지수를 만들어 상장시키기

K뷰티 ETF도 ETF니까 '지수'가 필요합니다. 국내에는 '지수사업자'라고 부르는 회사가 여러 개 있답니다. A자산운용사는 지수 회사와 만나 K뷰티 ETF 아이디어를 소개하고 포트폴리오에 넣을 종목들이 갖춰야 할 조건도 제안합니다. 기업(종목)의 시가총액, 영업이익률, 해외 매출 성장세 등등.

이런 조건으로 만든 ETF가 실제 수익을 내는지 가상실험(시뮬레이션)을 해봅니다. 결과가 만족스럽다면 인덱스 회사는 해당 지수를 공식 발표하고, A자산운용사는 한국거래소에 ETF를 상장(IPO)시키기 위한 준비에 착수합니다.

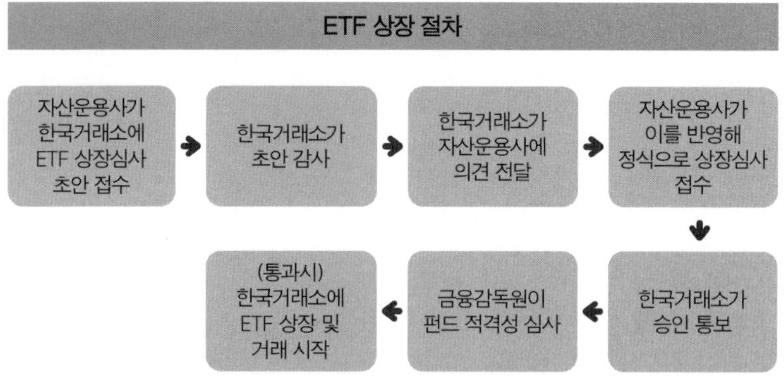

현재 ETF를 상장시키는 일은 한국거래소(KRX)가 전담하고 있습니다. ETF 상장 과정은 아래처럼 진행됩니다.

최근엔 ETF 시장이 워낙 커지고, 소비자(투자자)들도 다양한 ETF 상품을 원합니다. 그래서 자산운용사들도 인기를 끌 만한 ETF를 많이 내놓으려고 하죠. 하지만 ETF 상장은 기업의 IPO와 똑같이 엄격한 상장 과정을 거쳐야 합니다. 국내 증시에 상장되는 ETF 개수는 한달에 평균 10~20개 정도입니다.

- ETF는 자산운용사에서 아이디어를 내고 만들어요.
- 지수회사가 기준을 만들어 ETF가 그 지수를 따르게 돼요.
- 거래소와 금감원 심사를 거쳐야 ETF가 시장에 나와요.

ETF가 상장폐지되면
내 돈은 어떻게 되나요?

우리가 ETF를 사면서 낸 돈(투자금)은 운용사가 직접 보관하는 게 아니라
은행(신탁회사)에 보관되기 때문에 운용사가 망해도 안전합니다.
다만 ETF가 상장폐지될 경우 강제로 투자를 그만둬야 하는 건 단점입니다.

'좀비 ETF' '깡통 ETF', 이런 말을 들어보셨나요? ETF 인기가 높아지면서 최근 몇 년 사이 자산운용사들이 경쟁적으로 상품을 출시하다 보니 하루에 한 건도 거래가 없는, 말 그대로 좀비 같은 ETF들도 많아진 겁니다. 좀 다른 얘기지만, 운용사마다 이름만 다르고 상품 구조는 거의 똑같은 '베끼기 ETF'들도 문제가 되고 있습니다.

개별 종목의 경우 몇 년이 지나도 돈을 못 벌고, 적자가 심해 파산 위험이 커진 부실기업은 투자자 피해를 막기 위해 주식시장에서 퇴출시킵니다. 이런 퇴출을 '상장폐지'라고 하죠. 그럼 과연 ETF도 상장폐지될 수 있을까요? 답은 '그렇다'입니다.

ETF는 언제 상장폐지되는 건가요?

일반적으로 ETF는 규모가 너무 작거나, 거래량이 너무 없거나 할 때 상장폐지됩니다. 기초지수와의 차이가 너무 벌어져도 안됩니다. 지수를 그대로 따라가는 패시브 ETF의 경우 '지수와 얼마나 비슷하게 움직이는지'를 나타내는 상관계수가 0.9 아래로 떨어지면 상장폐지가 될 수도 있습니다. 펀드매니저의 재량이 어느 정도 허용되는 액티브 ETF도 지수와의 상관계수가 0.7 이상으로는 반드시 유지되어야 합니다.

만약 내가 산 ETF가 상장폐지된다면 내 돈(투자금)은 어떻게 되는 걸까요? 다행히 ETF는 상장폐지되어도 그 ETF가 담고 있던 자산이 가진 현재 시장가격만큼은 건질 수 있습니다.

ETF가 상장폐지되면 자산운용사는 펀드 안에 들어있는 자산(주식, 채권 등)을 팝니다. 그 뒤에 운용 보수 등 비용을 빼고 투자자들에게 현금으로 돌려줍니다. 주식 자체를 직접 배분하는 게 아니라 환매처럼 현금 정산하는 거죠.

보통은 ETF가 상장폐지되기 전에 공지하고 유예기간을 둬서 투자자들이 시장에서 팔 수 있는 기회를 줍니다. 투자자들은 상장폐지 전까지 해당 ETF를 매도할 수 있는데, 이때 법으로 정해진 기관투자가가 평소와 같은 가격으로 매수해줍니다. 이 기관들을 '유동성 공급자(LP)'라고 합니다.

증권사가 망하면 내 ETF는 어떻게 되죠?

그럼 증권사나 자산운용사가 망하면 어떻게 될까요? 증권사는 ETF를 '판매'하는 일종의 중개기관입니다. 우리가 증권사에서 ETF를 산다고 해도, 내가 산 ETF '증권'은 증권사가 아니라 한국예탁결제원에 보관됩니다.

우리가 ETF를 사면서 낸 돈(투자금)은 운용사가 직접 보관하는 게 아니라 은행(신탁회사)에 보관되기 때문에 운용사가 망해도 안전합니다. 만에 하나 은행이 파산해도 펀드(ETF) 투자금은 은행의 특별계정에 별도로 보관되기 때문에 안전합니다. 다만 ETF가 상장폐지될 경우 강제로 투자를 그만둬야 하는 건 단점입니다.

예를 들어 내가 2차전지 종목에 투자하는 ETF를 들고 있다고 가정해보죠. 지금 ETF 가격이 많이 떨어졌다고 해도 언젠가 오를 거라 믿고 장기 투자를 할 수 있을 겁니다. 이럴 때 하필 ETF가 상장폐지된다면, 원치 않은 시점에 ETF를 팔아야 하고 투자 손실이 그대로 확정되어버리니 투자자 입장에선 좋을 건 없는 일입니다.

이것만은 꼭

- ETF도 거래가 없거나 너무 작으면 상장폐지될 수 있어요.
- ETF가 상장폐지되어도 펀드 안 자산을 팔아 현금으로 돌려받아요.
- 운용사나 증권사가 망해도 내 ETF 투자금은 별도로 안전해요.

"ETF도 주식처럼 스마트폰으로 바로 살 수 있어요.
누구나 증권사 MTS 계좌만 만들면
언제든 시장에서 ETF를 사고팔 수 있죠."

2장

ETF 투자,
이것만 알면 준비 완료!

ETF도 주식처럼
스마트폰에서 바로 살 수 있나요?

원하는 증권사의 MTS(모바일 트레이딩 시스템) 앱을 스마트폰에 설치해야 합니다.
거래 증권사를 선택할 땐 몇 가지 기준을 고려하는 게 좋아요.
주식과 마찬가지로 ETF 거래 때도 수수료가 발생하거든요.

'증권사' 하면 어떤 장면이 생각나시나요? 수십 개의 모니터 불빛 앞, 한 손엔 전화기, 한 손엔 마우스를 쥐고 쉼 없이 거래하는 모습이 떠오르죠. 이제는 그 모든 게 손바닥 위 스마트폰 속으로 옮겨갔지만 말이에요.

ETF는 증권시장이 열리는 오전 9시부터 오후 3시 30분까지 주식 거래시스템을 이용해 주식을 사고파는 것과 같은 방식으로 ETF를 사고팔 수 있습니다.

ETF를 사고팔기 위해선 증권사의 계좌가 꼭 있어야 해요. 지점에 방문하거나, PC를 사용하는 것도 가능하지만 요즘엔 스마트폰을 통해 비대면으로 계좌를 만들 수 있어요. 스마트폰으로 거래하는 방법을 설명해드리겠습니다.

증권사마다 수수료가 다르다고요?

먼저 원하는 증권사의 MTS(모바일 트레이딩 시스템) 앱을 스마트폰에 설치해야 합니다. 거래 증권사를 선택할 땐 몇 가지 기준을 고려하는 게 좋아요. 주식과 마찬가지로 ETF 거래 때도 수수료가 발생하거든요. 자신의 상황이나 거래방식에 따라 증권사별 거래 수수료를 비교해보고 고르는 게 좋습니다. 요즘은 증권사들이 이벤트를 통해 온라인 거래 수수료를 낮춰주거나, 아예 면제 혜택을 주는 증권사도 있어요.

MTS 앱의 사용 편의성, 제공되는 투자정보를 비교해보면 좋아요. 특히 해외 거래소의 ETF를 거래하려고 하는 경우 해당 증권사가 해외 거래소의 거래를 취급하는지도 확인해볼 필요가 있습니다.

원하는 증권사를 선택했다면 MTS의 회원가입 후 목적에 맞게 계좌를 개설해야 합니다. 본인 명의의 휴대폰과 신분증 등이 있으면 보통 5분 정도면 간단하게 가입할 수 있어요.

은행의 자유입출금 통장처럼 자유로운 거래를 하고 싶다면 '종합매매계좌'를 선택하면 되고, 연금 등 투자가 목적이라면 개인종합자산관리계좌(ISA), 연금저축계좌, 개인형퇴직연금계좌(IRP)를 목적에

맞게 개설하면 됩니다. 연금투자는 다음장에서 설명하기로 하고, 먼저 '종합매매계좌'를 기준으로 설명드리겠습니다. 주식과 ETF 모두를 자유롭게 거래할 수 있거든요.

MBTI는 아는데 '투자 성향 평가'는 뭔가요?

계좌를 개설했다면 ETF 거래를 위해선 몇 가지 단계를 거쳐야 합니다. 투자자를 보호하고, 투자자가 자신의 상황에 맞춰 책임 있는 투자를 할 수 있도록 금융당국이 몇 가지 절차를 만들어뒀거든요.

바로 '투자 성향 평가(투자자 정보 확인서)'입니다. 간단한 설문조사라고 생각하면 되는데 자신의 재산 상황, 투자 경험, 투자 목표, 손실을 감내할 수 있는 정도 등을 물어봅니다.

투자 성향 평가는 단순한 형식이 아니라, 내 투자 습관을 객관적으로 돌아볼 수 있는 기회이기도 해요. 이 결과에 따라 '공격 투자형' '위험 중립형' '안정 추구형' 등의 유형으로 내 투자 성향이 분류됩니다.

예를 들어 '10% 손실이 나더라도 장기 보유하겠다'는 문항에 '그렇다'를 고르면 공격투자형으로 분류되고, '조금 손실이 나면 바로 팔고 싶다'를 선택하면 안정추구형으로 평가됩니다.

어떻게 답변하느냐에 따라 나중에 어떤 상품을 살 수 있는지까지 영향을 미치기 때문에 신중히 작성하는 게 좋습니다. 예컨대 '안정 추구형' 투자자에겐 위험도가 높은 레버리지(수익·손실이 모두 확대되는 고위험·고수익 상품)나 인버스(시장 하락에 배팅하는 상품) ETF의 거래가 제한될 수 있습니다.

특히 일부 고위험 레버리지·인버스 ETF 등은 금융투자협회가 지정한 온라인 교육을 이수하고, 이수증을 증권사에 제출해야 거래할 수 있어요. 코스피200, S&P500 등 일반적인 시장 지수를 추종하는 ETF는 별도의 교육을 받지 않아도 거래할 수 있습니다.

✎ 투자 성향 질문 예시

▶ **투자하실 자금의 투자가능 기간은 어느 정도입니까?**
① 6개월 미만　　　② 6개월 이상~1년 미만　　　③ 1년 이상~2년 미만
④ 2년 이상~3년 미만　　　⑤ 3년 이상

▶ **투자경험과 가장 가까운 상품은 무엇입니까? (중복응답 가능)**
① 은행 예/적금, 국채, 지방채, 보증채, MMF 등
② 금융채, 신용도가 높은 회사채, 채권형 펀드, 원금보장형 ELS 등
③ 신용도 중간 등급의 회사채, 원금의 일부가 보장되는 ELS, 혼합형 펀드 등
④ 신용도가 낮은 회사채, 주식, 원금 비보장 ELS, 시장 수익률 수준의 수익을
　　추구하는 주식형 펀드 등
⑤ ELW, 선물옵션, 시장수익률 이상의 수익을 추구하는 주식형 펀드, 파생
　　상품에 투자하는 펀드, 주식 신용거래 등

▶ **고객님의 금융투자상품 투자경험 기간은 어떻게 되십니까?**
① 전혀 없음　　　② 1년 미만　　　③ 1년 이상~3년 미만
④ 3년 이상~5년 미만　　　⑤ 5년 이상

▶ **고객님의 금융투자상품 취득 및 목적은 어떤 것입니까?**
① 채무상환　　　② 생활비　　　③ 주택마련
④ 여유자금　　　⑤ 자산증식

▶ **고객님의 금융투자상품 투자에 대한 지식수준은 어느 정도입니까?**
① 금융상품에 투자해본 경험이 없음
② 널리 알려진 금융투자상품(주식,채권 및 펀드 등)의 구조 및 위험을 일정 부
　　분 이해하고 있음
③ 널리 알려진 금융투자상품(주식,채권 및 펀드 등)의 구조 및 위험을 깊이 있
　　게 이해하고 있음
④ 파생상품을 포함한 대부분의 금융투자상품의 구조 및 위험을 이해하고
　　있음

출처:한양증권

거래를 한눈에 알 수 있는 '차트'의 비밀

 이제 거래준비가 끝났다면 MTS 거래화면을 살펴보죠. MTS를 처음 실행하면 수많은 숫자와 그래프가 등장하는데, 낯설게 느껴질 수도 있어요. 하지만 대부분의 앱은 '현재가' '호가' '차트' 등 주요 정보를 보기 쉽게 정리해두었습니다. 예컨대 검색창에 코스피200 지수를 추종하는 삼성자산운용의 'KODEX 200'을 검색한다면 현재가 옆에 빨간색(가격이 올라감)이나 파란색(가격이 내려감)으로 등락률이 표시됩니다. 바로 아래엔 매수·매도·호가창이 보일 거예요.

 이제 실제로 주문을 해볼까요? 앞서와 마찬가지로 검색창에서

주요 증권사들의 MTS 거래화면

한국투자증권 MTS에서 'KODEX 200' ETF의 상세 화면 모습. 가장 큰 숫자 '57,305'는 현재가입니다. 요약정보에서는 해당 ETF의 대략적 정보를, 호가창에서는 매도자와 매수자가 각각 사고팔고자 하는 가격을, 차트에서는 ETF의 가격 변동 내용을 알 수 있습니다.

자료 : 한국투자증권

'KODEX 200'을 검색하고 주문을 넣을 수 있어요. '현재가'는 지금 시장에서 거래되고 있는 ETF의 실시간 가격을 의미해요. '호가창'은 매수자와 매도자가 각각 사고팔고자 하는 가격를 보여주는 표예요. 보통 사고자 하는 가격과 팔고자 하는 가격이 서로 맞으면 그 시점에 거래가 체결됩니다.

'거래량'은 하루 동안 실제 거래된 ETF 수량을 의미하는데, 거래량이 많을수록 투자자들의 관심이 많고 시장에서 활발하게 거래되고 있다는 의미예요. '차트'라고 하는 꺾은선 그래프는 ETF의 가격이 어떻게 움직였는지 한눈에 보여주는 그래프예요.

ETF도 주식과 같은 방식으로 거래되기 때문에 주가 차트를 읽는 방식과 거의 같습니다. 가장 기본이 되는 건 '캔들차트(봉차트)'인데, 촛대 모양 같다고 해서 이렇게 이름이 붙었어요. 각 봉은 거래일 하루 동안의 시가·고가·저가·종가를 나타냅니다. 빨간색은 '양(+)봉'이라고 부르는데 가격이 시가보다 오른 날이고, 파란색은 '음(-)봉'이라고 하고 가격이 시가보다 내린 날이에요. 봉의 몸통은 시가와 종가 사이의 구간을 의미하고, 위아래 머리와 꼬리는 그날의 최고가와 최저가를 의미해요.

예컨대 하루 동안 ETF의 시작가격(시가)이 1만원, 고가 1만 300원, 저가 9,900원, 종가 1만200원이었다면 빨간색 '양봉'이 그려져요. 기간을 조정해서 봉 차트를 볼 수도 있는데, 하루가 아닌 일주일이나 한달 단위 등으로 바꾸면 더 큰 흐름도 볼 수 있죠. 초보자들이 흔히 하는 실수는 '빨간색 봉이 많으면 무조건 좋다'고 생각하는 것인데, 실제로는 전체 추세와 거래량을 함께 봐야 의미 있는 분석이 됩니다.

이제 주문하는 방법을 살펴볼게요. 먼저 '매수' 메뉴에 들어가 사고자 하는 가격과 수량을 선택한 뒤 '매수' 버튼을 누르면 시장에 "이 ETF를 얼마에 몇좌 사고 싶다"라고 말하는 것과 같아요. 같은 가격에 팔고 싶은 사람이 있다면 거래가 체결되죠. 가격은 현재 거래되는 평균 가격에 사는 '시장가 주문'과 내가 사고 싶은 가격을 제시하는 '지정가 주문' 등이 있어요. 팔 때는 '매도' 메뉴에 들어가서 팔고 싶은 가격을 제시하면 됩니다.

ETF도 주식과 마찬가지로 실시간으로 가격이 바뀌므로 '타이밍'이 중요해요. '시장가' '지정가' 외에도 상황에 따라 '예약주문'이나 '분할주문' 하는 방법도 있어요. 시장가 주문은 즉시 체결이 장점이지만 예상보다 불리한 가격에 체결될 수 있고, 지정가는 원하는 가격을 찍어둘 수 있지만 체결이 안 될 가능성이 있죠. 예약주문은 미리 가격과 수량을 입력해두고 장이 열리거나 닫힐 때 자동으로 주문을 내는 방식이라 바쁜 직장인에게 유용해요. 특히 변동성이 큰 날에는 한 번에 큰 금액을 넣기보다 여러 번에 나눠서 매수·매도하면 평균 단가를 안정적으로 맞출 수 있습니다.

또한 해외 상장 ETF를 사거나 팔 땐 환전에 들어가는 비용과 세금도 고려해야 해요. 달러로 거래되는 종목은 '증권사 환전 서비스'를 활용해 원화를 달러 등 해당국가 통화로 바꿔야 하고, 환율 변동에 따라 손익이 달라져요. 또 국내 상장 ETF와 달리 해외 ETF의 매매차익은 과세 체계가 다를 수 있으므로, 연간 손익 정산 시점이나 기본공제, 배당(분배금) 원천징수 같은 규정을 미리 확인해두는 게 좋습니다.

- ETF는 증권사 계좌를 만들면 스마트폰으로 쉽게 살 수 있어요.
- 투자 성향 평가를 통해 내게 맞는 ETF 상품만 거래할 수 있어요.
- 시장가·지정가 등 ETF 주문방식을 알아두면 거래가 훨씬 쉬워요.

'기초지수'는 같은데, 왜 펀드마다 가격이 다르죠?

기본적으로 ETF의 가격은 순자산 가치(NAV, Net Asset Value), 시장가격, 기준가격 등의 기준에 의해 결정돼요. 운용사들은 매일 장이 끝난 뒤 순자산 가치를 산출해 공시하고 있습니다.

ETF도 주식처럼 1주, 2주 이렇게 부르곤 합니다. 하지만 정확하게 말하면 주식의 단위는 '주'이지만, ETF의 단위는 '좌'입니다. 펀드를 세는 단위가 '좌'이기 때문이죠.

앞서 배웠듯 ETF는 기본적으로 '지수 추종형 투자상품'이에요. 기초지수는 ETF가 따라가도록 설계된 기준인데요, 주식·채권·원자재·부동산 등 다양한 자산군을 포함할 수도 있어요. ETF의 경우 같은 기초지수를 따라간다고 해도 운용사마다 구성 종목이나 비율 등이 조금씩 차이가 있어요. 맥도날드·버거킹·롯데리아에서 치즈버거를 산다고 가정해볼게요. 모든 치즈버거에 빵·패티·야채·치즈가 들어가는 건 같지만 어떤 매장은 양파 대신 토마토를 쓰고, 어떤 매장은 패티를 두 장 넣을 수도 있어요. 결과적으로 가격과 맛이 달라지죠. ETF도 마찬가지입니다.

그럼 ETF 가격은 어떻게 정해질까요? 운용사가 선택하는 구성 방식, 보수율, 재투자 전략 등에 따라 장기 수익률이 조금씩 달라집니다. 즉 기초지수는 '이렇게 만들어라'라고 정해주는 레시피이고, ETF는 그 레시피대로 실제로 만들어진 햄버거인 셈이죠.

똑같은 '방산 ETF'라도 A사의 ETF에는 '현대로템 22%-한국항공우주(KAI) 20%-LIG 넥스원 19%' 등으로 담기고, B사의 ETF에는 '현대로템 20%-한국항공우주 20%-LIG 넥스원 15%' 등으로 담길 수도 있어요. 그래서 단순히 "같은 방산 ETF니까 아무거나 사도 된다"는 생각보다는 각 운용사의 철학과 성과, 운용효율 등을 비교해보는 게 좋아요.

ETF 가격을 정하는 기준이 있다던데요?

기본적으로 ETF의 가격은 순자산 가치(NAV, Net Asset Value), 시장가격, 기준가격 등의 기준에 의해 결정됩니다.

'순자산 가치'는 ETF가 보유한 모든 부채를 제외하고 발행된 총 주식수로 나눈 값이에요. 일반 펀드의 기준가와 같은 개념인데, 기초지수의 움직임을 가장 정확하게 반영하는 가치라고 할 수 있어요.

ETF 가격을 결정하는 요소들	
순자산 가치 (NAV : Net Asset Value)	ETF가 보유하고 있는 1좌당 순자산 가치 순자산총액(=총 자산 – 총 부채) ÷ 전체 발행 좌수
실시간 추정 순자산 가치 (iNAV : Indicative Net Asset Value)	ETF가 보유한 기초자산의 가치를 실시간으로 추정한 값
시장가격	ETF가 증권거래소에서 거래되는 실시간 가격
기준가격	ETF가 처음 상장될 때 정하는 1좌당 가격

운용사들은 매일 장이 끝난 뒤 순자산 가치를 산출해 공시하고 있습니다.

'시장가격'은 투자자들이 거래소에서 사고팔면서 수요와 공급에 의해 실시간으로 형성되는 가격이에요. 해당 ETF를 사려는 사람이 많아 매수세가 강하면 시장가격이 순자산 가치보다 높아질 수 있고, 반대로 팔려는 사람이 많으면 낮아질 수도 있어요.

'기준가격'은 ETF가 처음 상장될 때 정하는 1좌당 가격이에요. 같은 기초지수를 갖더라도 A운용사는 좌당 가격을 1만원으로, B운용사는 5만원으로 정할 수 있어요. 이건 ETF가 실제 담고 있는 자산의 가치와 상관없이, 발행 시점에 정하는 기준이에요. 좌당 가격이 높다고 비싼 ETF이고 낮다고 싼 ETF는 아니고 기초지수를 얼마나 잘 따라가는지 보는 게 중요합니다.

운용 수수료 분배금도 잘 살펴보세요

같은 기초지수를 추종하는데도 수익률이 조금씩 다르죠? 그건 운용방식에 따른 차이 때문이에요.

제일 먼저 운용 수수료(총보수율)를 들 수 있습니다. ETF도 펀드의 일종이기에 운용사에 지불하는 수수료가 있고, 이 비용은 ETF 자산에서 차감됩니다. 주의할 점은 표면적인 총보수 외에 숨어 있던 '기타비용'이나 '매매중개수수료'가 추가로 발생할 수 있다는 것입니다. 따라서 '실질 부담 비용'을 따져보는 것이 현명합니다. 운용 수수료율이 낮을수록 장기적으로 높은 수익을 볼 수 있고, 이 차이는 추적오차(Tracking Error)를 만드는 원인이 됩니다.

두 번째는 추적 방식의 차이 때문입니다. 기초지수의 구성 종목을 모두 매수하는 '완전복제'가 원칙이지만, 종목 수가 너무 많거나 거래가 비효율적인 경우엔 일부 핵심 종목만 '표본추출'해 담기도 합니다. 종목이 달라지다보니 이 과정에서 미세한 수익률 차이가 발생할 수 있죠.

세 번째는 분배금 지급 방식의 차이 때문이에요. 분배금이란 ETF가 보유 중인 개별 주식 종목에서 나온 배당금을 자산운용사가 ETF 투자자에게 나눠주는 돈을 뜻합니다. 이를 ETF 자산에 재투자하는지, 아니면 투자자에게 현금으로 나눠줄지에 따라 순자산 가치, 수익률 등이 달라져요. 최근에는 분배금을 자동으로 재투자해 복리 효과를 높이고 과세를 이연하는 '토털리턴(TR·Total Return)' 상품들도 있으니, 상품 구성을 잘 살펴보고 내 목적에 맞게 골라야 합니다. 토털리턴 ETF에 대해선 뒤에서 더 자세히 살펴볼거에요. 같은 기초지수를 추종하는 ETF라도, 단순히 주당가격만 볼 게 아니라 운용 수수료율이 낮은지, 추적오차가 작은지, 괴리율이 낮고 안정적인지 등을 함께 확인해보는 게 좋습니다.

- 같은 지수를 따라도 운용사마다 ETF 의 구성과 가격이 달라요.
- ETF 가격은 순자산 가치·시장가격·기준가격으로 정해져요.
- 운용 수수료와 추적오차도 ETF 수익률에 큰 영향을 줘요.

거래량이 부족하면
ETF 가격도 안 오르나요?

투자자에게 ETF 거래량은 개별 주식처럼 '주가 상승의 동력'이 아니라
'매매의 효율성'을 판단하는 지표가 됩니다. 거래량이 극히 적은 ETF에 투자할 때는
반드시 괴리율이 얼마나 안정적인지를 꼭 확인하는 게 좋습니다.

A기업의 1주 가격이 10만원이고, 이 회사의 총 발행주식수가 10주라고 생각해볼게요. 그럼 이 회사는 100만원의 가치가 있는 회사라고 볼 수 있겠죠? A기업이 잘나간다면 A기업의 주식가격도 10만원에서 계속 오를 거예요. 증권시장에서 개별 주식의 가격은 시장에서의 거래량을 비롯해 해당 기업의 실적과 미래 전망 등의 영향을 받기 때문이죠.

여기서 중요한 요소 중 하나가 바로 '거래량'입니다. 아무리 좋은 기업이라도 사고파는 사람이 적다면 주가 움직임은 둔해질 수밖에 없습니다. 반대로 거래가 활발하면 주가는 기업의 실적과 기대를 더 빠르게 반영합니다. 그래서 개별 주식 투자에서는 기업 가치뿐 아니라 거래량도 함께 살펴보는 것이 기본입니다.

내 ETF, 아무도 안 사면 어떻게 되죠?

'거래량이 적은 주식은 주가가 잘 오르지 않는다'는 얘기를 들어보셨을 거예요, 그런데 ETF도 그럴까요? ETF의 가격 결정 원리와 작동 방식은 일반적인 개별 주식의 경우와 달라요.

삼성전자와 SK하이닉스를 50%씩 담은 ETF가 있다고 가정해보죠. 삼성전자의 주가가 1만원 오르고, SK하이닉스 주가가 5천원 떨어졌다면? ETF의 순자산 가치는 5천원 떨어진 게 되겠죠? 이처럼 ETF가 추적하는 기초지수의 움직임에 의해 결정되는 경우가 많습니다. 기초지수가 담고있는 주식이나 채권 등의 가격이 오르면 ETF의 가격도 오르고, 내렸다면 따라서 내려가는 것이죠.

그런데 말입니다, 아무리 기초지수가 탄탄한 ETF라도 시장에서 아무도 사지 않으려 한다면 어떻게 될까요? 거래량이 적은 ETF는 안전할까요? ETF를 팔려고 하는데, 내가 팔고 싶을 때 팔고 싶은 가격으로 살 사람이 없어지는 것이죠. 그럼 시장가격보다 낮은 가격으로 팔 수밖에 없는데, 이 틈을 '괴리'라고 합니다. 정리하자면 ETF의 거래량이 부족한 것은 직접적인 수익률보다는 매매 시 거래비용이 늘어난다는 점을 염두해두면 좋아요.

ETF의 시장가격과 이론적 가치인 실시간 추정 자산가치(iNAV, Indicative NAV)의 차이를 '괴리율'이라고 합니다. 괴리율이 커지면 ETF의 효율성이 떨어진다는 의미예요. 통상 괴리율은 0.1~0.5% 수준으로 유지되는데, 시장이 급변하거나 거래량이 적은 ETF는 순간적으로 1% 이상 벌어질 수도 있어요. 예컨대 장 마감 직전 갑자기 매도 주문이 몰리면 ETF의 시장가격이 일시적으로 순자산 가치보다 낮아질 수 있어요.

소방수처럼 출동하는 '유동성 공급자'

틈이 벌어졌을 때 이를 메우는 '숨은 일꾼'이 있는데 바로 유동성 공급자(LP, Liquidity Provider)예요. 만약 시장가격이 추정 자산가치보다 너무 낮아지면 유동성 공급자는 즉시 매수해 가격을 끌어올리고, 반대로 너무 높아지면 매도해 가격을 안정시킵니다. 이들의 역할 덕분에 ETF의 시장가격은 거래량이 일시적으로 부족하더라도 그 가치(NAV)에서 크게 벗어나지 않도록 통제됩니다.

유동성 공급자는 증권사나 기관투자가 등 거래 전문기관이 맡아요. 이들이 활발하게 활동하는 ETF는 괴리율이 낮고 합리적인 가격에 거래되므로 투자자 입장에서 훨씬 유리하겠죠. 이 시스템 덕분에 ETF는 다른 펀드보다 훨씬 투명하고 즉각적인 거래가 가능하다는 장점이 있어요.

투자자에게 ETF 거래량은 개별 주식처럼 '주가 상승의 동력'이
아니라 '매매의 효율성'을 판단하는 지표가 됩니다. 거래량이 많을
수록 LP가 개입할 필요성이 줄어들고, 원하는 가격에 거래하기가 수
월해집니다. 거래량이 극히 적은 ETF에 투자할 때는 반드시 괴리율
이 얼마나 안정적인지를 꼭 확인하는 게 좋습니다.

- ETF 거래량이 적어지면 시장가격보다 낮게 팔리는 '괴리'가 생겨요.
- ETF 거래가 적으면 시장가격이 실제 가치와 달라질 수 있어요.
- ETF의 유동성 공급자(LP)가 가격을 조정해 괴리율을 줄여줘요.

다른 사람들은
어떤 ETF를 사는지 궁금해요

'어떤 테마가 요즘 뜨는가?'보다 '그 테마가 얼마나 지속 가능한가?'를
따지는 시각이 필요합니다. 그 시각을 기를 수 있는 곳이 한국거래소
정보데이터시스템이에요. 코스콤의 'ETF체크', 각 자산운용사 홈페이지도 큰 도움이 되죠.

17세기 네덜란드, 튤립 한 송이가 집 한 채 값에 맞먹던 시절이 있었어요. 사람들은 튤립 가격이 끝없이 오를 거라 믿었지만, 결국 버블이 터졌죠. 시장은 비이성적으로 움직일 수 있기에, 다른 투자자들의 심리를 읽는 건 매우 중요합니다. ETF 거래도 마찬가지예요. '다른 투자자들은 어떤 ETF를 많이 사고팔까', 즉 시장심리를 아는 건 투자 결정에 좋은 참고자료가 됩니다.

하지만 단순히 인기 순위만 보고 따라가는 건 위험해요. 지금의 ETF 시장에서도 '유행 테마'는 늘 존재합니다. 인공지능(AI), 2차전지, 반도체, 소형원자로(SMR) 등 특정 이슈가 생기면 관련 ETF에 자금이 몰리죠. 하지만 모든 유행이 장기 수익으로 이어지는 것은 아닙니다. 튤립 버블이 그랬듯, 한때는 뜨거워도 실적이 뒷받침되지 않으면 거품은 결국 꺼지기 마련이에요.

그렇기에 '어떤 테마가 요즘 뜨는가?'보다 '그 테마가 얼마나 지속 가능한가?'를 따지는 시각이 필요합니다. 그 시각을 기를 수 있는 대표적인 곳이 한국거래소(KRX) 정보데이터시스템입니다. 또한 코스콤의 'ETF체크', 각 자산운용사 홈페이지도 큰 도움이 되죠.

ETF의 가격 등락률과 거래량이 궁금하다면?

먼저 가장 기본이 되는 거래정보는 한국거래소 정보데이터시스템 (data.krx.co.kr)에서 찾아볼 수 있어요. 한국거래소는 ETF가 거래되는 시장의 공식 주체로, 모든 ETF의 순자산총액, 일별거래대금 같은 기초 정보를 공시해요. '기본통계 → 증권상품 → ETF' 메뉴를 보면 전종목 시세, 전종목 등락률, 개별 종목 시세 추이, 전종목 기본정보, 개별 종목 종합정보, 투자자별 거래실적, 세부 실적 등을 알아볼 수 있어요.

'전종목 시세'에 들어가면 등락률, 순자산 가치, 거래량, 거래대금, 시가총액 등을 선택해 줄세우기를 할 수 있어 시장에서 규모가 크고 거래가 많은 ETF가 뭔지 쉽게 확인할 수 있습니다. ETF의 순자산 가치가 크다는 건 그만큼 많은 투자자에게 선택 받았다는 의미이고,

ETF의 거래량이 많다는 건 유동성이 풍부해 안정적 ETF의 거래가 가능하다는 의미가 될 수 있겠죠.

내 ETF가 '삼성전자'에 투자하는지 궁금해요

코스콤의 ETF체크(www.etfcheck.co.kr)는 한국거래소에 상장된 모든 ETF와 미국 상장 ETF 정보를 비교하고 분석할 수 있게 만든 플랫폼이에요. 이곳에선 '금' '월배당' 'AI전력' 등 투자자들이 관심 많은 키워드별 ETF를 모아서 소개하기도 하고, 특정 ETF 종목을 비교하거나, 수익률 랭킹 등도 볼 수 있어요.

특히 ETF 비교분석 메뉴는 초보 투자자들에게 꽤 유용한 기능이에요. 비슷한 ETF 여러 종목을 나란히 놓고, 총보수율·괴리율 등을 한눈에 비교해볼 수 있거든요. 단순히 수익률뿐 아니라 운용 효율성까지 함께 판단하는 기준을 제공합니다. 실질적인 시장의 트렌드를 파악할 수 있어 거래 참고자료로 유용합니다.

삼성자산운용의 펀ETF(www.funetf.co.kr)도 국내 ETF 정보를 알아보기에 유용합니다. ETF 인기 랭킹부터, ETF 유형이나 상품 유형별로 상품을 비교해볼 수 있어요. 특히 원하는 유형을 정교하게 설정할 수 있어 내 목적에 맞는 상품을 찾기에 유리하죠.

특정 ETF 상품에 대해 자세히 알고 싶다면 삼성자산운용의 코덱스ETF(www.samsungfund.com/etf), 미래에셋자산운용의 타이거

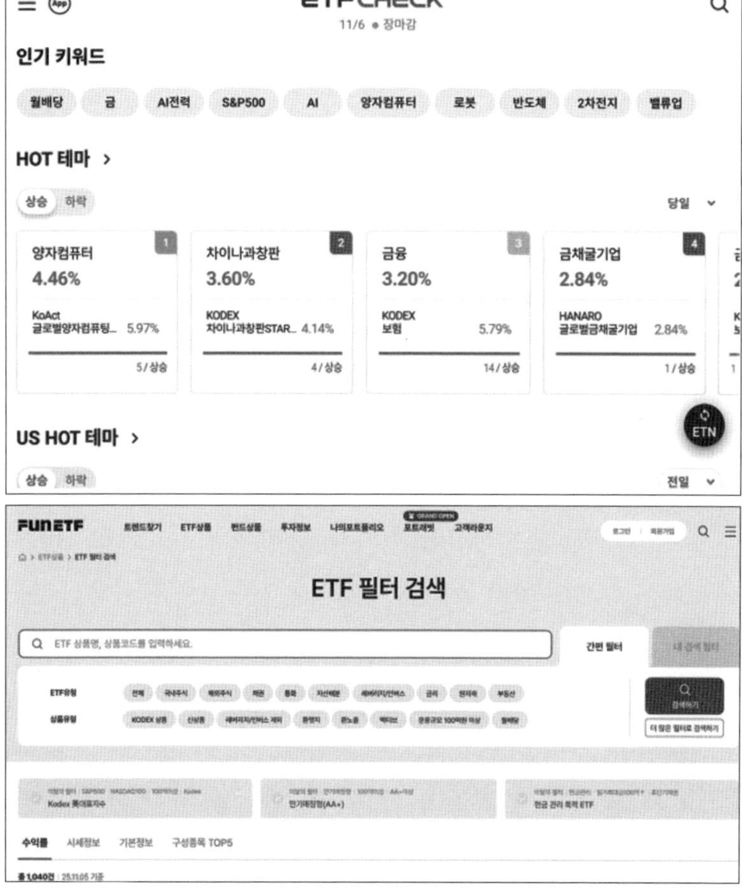

코스콤의 ETF체크와 삼성자산운용의 '펀ETF' 등을 활용하면, 다양한 ETF를 쉽게 비교해볼 수 있다.

ETF(investments.miraeasset.com/tigeretf) 등 개별 운용사의 홈페이지도 참고할 만해요. 운용사 사이트에선 ETF의 세부 운용전략과 포트폴리오 구성 등을 직접 볼 수 있거든요. 기초지수를 완전히 그대로 따라가는지(패시브), 일부만 따라가는지(액티브) 알 수 있어요. 또한 해당 ETF가 많이 담은 종목(기업)은 어떤 게 있는지, 업종(섹터)별 비중은 어떻게 나뉘는지도 구체적으로 공개합니다.

예를 들어 삼성자산운용의 'KODEX S&P500' ETF를 살펴보죠. KODEX ETF 홈페이지에서 검색해 들어가 '구성종목' 항목을 보면 엔비디아, 마이크로소프트, 애플, 아마존, 브로드컴 순서대로(2025년 10월 기준) 투자한다는 걸 알 수 있습니다. 매달 운용사는 월간 ETF 운용보고서나 펀드 리포트를 발간하는데, 여기서도 구성종목 상위 10개를 확인할 수 있습니다. 운용보고서나 펀드 리포트 역시 운용사 홈페이지에서 쉽게 확인할 수 있습니다.

이런 세부 운용 정보를 살펴보면 단순히 '요즘 인기 있는 ETF라서'가 아니라, 그 ETF가 시장의 주목을 받을 만한 이유가 있는지, 미래에도 유망한지, 내 투자 목적과 위험 성향에 적합한지 등을 스스로 판단할 수 있을 거예요. ETF의 '속내'를 들여다보며 투자 여부를 결정하는 마지막 단계라고 할 수 있겠네요.

- 인기 ETF라도 이유를 따져보고 투자해야 해요.
- 한국거래소·코스콤 사이트에서 ETF 거래 정보와 순위를 볼 수 있어요.
- 운용사 홈페이지에서 ETF의 구성종목과 전략을 꼭 확인해보세요.

"ETF를 살 때 드는 돈은 과연 얼마일까요?
ETF의 이름은 어떤 과정을 거쳐 만들어질까요?
이름이 비슷해도 수익률이 완전히 다를 수도 있죠."

3장

어떤 ETF를
골라야 하나?
: ① 탄탄한 기본

ETF 이름만 보면
알 수 있는 것들

처음 ETF에 투자하는 투자자들 입장에선 ETF 이름을 보며 대체 무슨 뜻인지 가늠하기가 너무나 힘들죠. 하지만 ETF 상품명을 해독하는 방법을 익히면, 어디에 어떻게 투자하는 상품인지 바로 알 수 있습니다.

ETF 이름은 깁니다. 삼성전자 주식은 간단명료하게 '삼성전자'이지만, ETF 이름은 10글자가 넘어가는 게 많아요. 처음 투자하는 투자자들 입장에선 대체 무슨 뜻인지 가늠하기가 힘들죠. ETF 상품명을 해독하는 방법을 익히면, 어디에 어떻게 투자하는 상품인지 알 수 있습니다.

미국 증시에 투자하는 간판 ETF 중 하나인 'KODEX 미국 S&P500'을 예로 들어보겠습니다. 상품명에서 가장 먼저 나오는 건 '브랜드명'입니다. KODEX는 삼성자산운용이 내건 ETF 브랜드명이에요. 각 자산운용사는 저마다 브랜드명이 따로 있습니다. 미래에셋자산운용은 'TIGER', 한국투자신탁운용은 'ACE', 신한자산운용은 'SOL'이에요. CJ가 교자만두든 김치만두든 다 '비비고'라는 만두 브랜드명을 붙이는 것과 같아요.

📊 '비비고 만두'처럼 ETF도 브랜드가 있어요

그 다음은 어디에 투자하는지가 나옵니다. 'KODEX 미국 S&P500'이면 S&P500지수에 포함된 500개 기업에 투자하는 ETF라는 뜻입니다.

그 다음엔 어떤 투자 전략을 썼는지 나옵니다. 'KODEX 미국 S&P500'과 'KODEX 미국S&P500(H)'는 이름이 비슷한데 무슨 차이일까요? (H)는 '환 헤지(Hedge, 회피)'의 약자로, 환율의 변동을 회피하는 전략을 사용했다는 의미입니다. 헤지 ETF는 뒤에서 다시 한번 다뤄볼 거예요. 상품명 뒤에 'PR(Price Return, 프라이스 리턴)'이나 'TR(Total Return, 토털 리턴)'이란 단어가 붙은 상품도 있어요. PR은 배당금을 투자자에게 지급해주지만, TR은 배당금을 자동으로 재투자하는 상품이에요. 별도의 표기가 되어 있지 않으면 대부분 PR 상품이에요.

ETF를 검색하다 보면 '액티브'가 붙은 상품도 많습니다. 액티브 ETF를 일컫는 거예요. 액티브 ETF는 말 그대로 '더 적극적으로 투자하는' ETF를 말합니다. 이와 반대되는 개념이 패시브 ETF인데,

별도의 표기가 없는 ETF는 기본적으로 패시브 ETF입니다. 패시브 ETF는 특정 지수의 움직임을 그대로 따라가는 ETF를 말해요. 패시브 ETF는 지수에 포함되어 있는 기업에 그 지수에 적힌 기업 비중(%)대로 그대로 투자하고, 그 지수가 오르냐 내리냐에 따라 가격이 움직입니다.

다음은 '레버리지'와 '인버스'가 붙은 ETF입니다. 레버리지는 말 그대로 '지렛대 원리'를 사용해 지수 추종 ETF보다 수익률을 더 높게 가져가는 상품이에요. 다른 숫자가 안 쓰여 있는 국내 레버리지 ETF 대부분은 2배짜리입니다. 1.5배나 3배, 5배짜리 레버리지 상품은 국내의 경우 대부분 '1.5X', '3X', '5X'와 같은 식으로 '배수+X'로 상품명에 표기가 되어 있어요. 인버스는 지수 움직임과 '거꾸로' 수익이 나는 상품인데, 지수가 내리면 수익률이 높아지죠. 지수 움직임과 반대로, 몇 배 이상으로 움직이는 인버스 레버리지 ETF도 있습니다.

- ETF 이름은 '브랜드+투자대상+전략'을 뜻해요.
- KODEX는 삼성운용의, TIGER는 미래에셋의 브랜드 명이에요.
- (H)·TR·레버리지·인버스 등으로 ETF의 성격을 알 수 있어요.

지수 따라가는 '패시브 ETF' vs 전문가 도움을 받는 '액티브 ETF'

액티브 ETF는 패시브 ETF보다 더 높은 수익률을 내는 것을 목표로 하지만, 목표를 달성하지 못하는 경우도 간혹 생길 수 있다는 점은 주의해야 합니다.

ETF는 펀드매니저가 운용에 얼마나 개입하느냐에 따라서도 종류가 나뉩니다. 기본적으로 ETF는 주가지수든 개별 자산의 가격이든 기초지수를 따라가는 형태로 설계가 됩니다.

펀드매니저가 적극적으로 개입하지 않고 단순히 지수만 추종하는 ETF를 '패시브(Passive) ETF'라고 합니다. 장점은 운용 비용이 비교적 저렴하다는 점이죠. 하지만 시장 상황이 바뀔 때 전문가인 펀드매니저의 적극적인 관리를 받지 못해요. 이 때문에 투자자들은 기초지수가 장기적으로 꾸준히 오를 걸로 전망될 때 투자하는 게 좋습니다.

예를 들어 'KODEX 미국S&P500'은 S&P500 지수와 똑같이 가격이 움직이는 패시브 ETF예요. 지수엔 S&P500이나 나스닥, 코스피, 닛케이같이 유명한 지수도 있지만, 사람들이 잘 들어보지 못한 지수도 많습니다.

한국투자신탁운용의 'ACE 엔비디아채권혼합' ETF를 살펴보죠. 엔비디아와 한국 채권에 나눠서 투자하는 상품이지만, 이 ETF도 엄연히 따라가는 기초지수(Bloomberg Blended NVIDIA Equity and Korean Bond Total Return Index)가 있습니다.

패시브 ETF는 유명하든 유명하지 않든 이런 기초지수와 똑같이 움직이는 걸 목표로 합니다. 패시브 ETF는 어디에 얼만큼 투자하고 있는지 주기적으로 공개하고 있고, 기초지수도 공개되어 있기 때문에 투자자 입장에선 내가 정확히 어디에 투자하고 있는지 알 수 있는 장점이 있습니다.

펀드매니저가 능동적으로 개입하는 ETF

반대로 펀드매니저가 능동적으로 개입하는 ETF도 있습니다. 펀드매니저가 시장 상황에 따라 투자 자산을 사고팔아 수익률 극대화를 추구하는 ETF를 '액티브(Active) ETF'라고 부릅니다. 가령 '코스피200 액티브 ETF'는 단순히 코스피200 지수만큼의 수익률만 추구하는 것이 아니라, 펀드매니저가 코스피200 종목 중 유망 종목 비중은 늘리고 부진한 종목 비중은 줄여서 코스피200 지수보다 더 높은 수익률을 내는 것을 목표로 해요.

만약 '코스피200 ETF'에 들어가 있는 삼성전자 주가가 크게 오를 전망이라고 해도 패시브 ETF는 움직임을 따라가는 기초지수에서 삼성전자 비중이 더 커지지 않는 한, 펀드매니저가 마음대로 특정 기업 주식 비중을 더 늘릴 수 없습니다. 투자자 입장에선 삼성전자를 더 사고 싶다면 아예 개별 주식을 따로 사거나, 다른 삼성전자 비중이 높은 ETF를 살 수밖에 없죠.

하지만 액티브 ETF라면 펀드매니저의 개별적인 판단이나 계산에 따라 오를 것 같은 주식의 비중을 늘리거나, 떨어질 것 같은 주식 비중을 줄일 수 있습니다.

하지만 액티브 ETF의 경우 펀드매니저가 잘 못할 수도 있겠죠. 게다가 액티브 ETF는 패시브 ETF보다 비용이 높은 편입니다. 액티브 ETF는 운용보수가 높기도 하지만, 자주 사고팔아서 매매중개수수료도 많이 붙기 때문이에요.

액티브 ETF는 전문가의 손길을 거치는 만큼 기초지수 대비 더 월등한 수익률을 올릴 수 있는 장점이 있습니다. 하지만 원숭이도 나무에서 떨어질 수 있는 것처럼, 펀드매니저의 판단도 틀릴 수가 있

패시브 ETF와 액티브 ETF의 차이	
패시브 ETF	액티브 ETF
펀드매니저의 개입 없이 단순히 특정 지수만 추종하는 ETF. 운용보수가 상대적으로 저렴하다.	펀드매니저가 시장 상황에 따라 개입해 수익률 극대화를 추구하는 ETF. 운용보수가 상대적으로 비싸고, 경우에 따라 패시브 ETF보다 수익률이 낮을 때도 있다.

습니다. 액티브 ETF는 패시브 ETF보다 더 높은 수익률을 내는 것을 목표로 하지만, 목표를 달성하지 못하는 경우도 간혹 생길 수 있다는 점은 주의해야 합니다.

- 패시브 ETF는 지수를 그대로 따라가며 비용이 저렴해요.
- 액티브 ETF는 전문가가 운용해 지수보다 높은 수익을 노려요.
- 액티브 ETF도 전문가의 판단이 빗나가면 손실 위험이 커질 수 있어요.

ETF를 사고팔면
수수료로 얼마나 나가나요?

ETF 역시 주식과 마찬가지로 사고팔 때는 매매수수료가 별도로 붙습니다.
매매수수료는 거래하기 전에 미리 증권사에 문의하거나
검색해서 알아봐놓는 것이 좋습니다.

ETF를 산다는 건 자산운용사에 '내 돈을 대신 굴려주세요'라고 맡겨놓는 것과 같습니다. 그 대신 수수료(ETF 운용사의 주요 수익)와 돈을 굴리는 데 필요한 비용이 모두 ETF 가격에 포함되어 있어요. 수수료나 운용보수를 따로 내지 않아도 됩니다.

물론 엄밀히 말하자면 ETF를 산 돈이 그대로 운용사로 흘러 들어가지는 않습니다. ETF가 어떻게 거래되는 구조인지를 간단히 살펴보죠. 예를 들어 코스피200 지수에 포함된 200개 기업에 투자하는 A자산운용사의 '코스피200 ETF'를 1천만원어치 샀다고 해봅시다. 그럼 내가 ETF를 산 만큼 A운용사가 바로 내 돈을 넘겨받아 코스피

200, 200개 기업에 1천만원만큼을 더 투자하게 되는 걸까요? 흔히 그렇게 생각하기 쉽지만, 아닙니다.

A운용사가 코스피200 ETF를 출시할 때 A운용사는 B증권사와 계약을 맺습니다. B증권사가 코스피200 기업의 주식을 사서 A운용사에게 맡겨놓는 대신 A운용사는 그 주식들에 투자해 수익을 내준다는 계약이에요. A운용사는 그 수익에서 일부를 '운용보수'로 떼어갑니다. 그리고 A운용사가 발행한 코스피200 ETF의 지분은 B증권사가 모두 가져갑니다. B증권사는 코스피200 ETF의 지분을 잘게 쪼개서 한국거래소에 내다 팔기 시작해요. 우리가 사고파는 ETF는 이렇게 잘게 쪼개진 ETF 지분입니다. 우리가 ETF를 산 돈 1000만원은 운용사에게 가지 않고, 그만큼 ETF를 판 다른 투자자에게 갑니다. 투자자들끼리 ETF라는 상품의 지분을 사고파는 거예요.

그러다가 코스피 200 기업들에 투자하려는 수요가 많아졌다고 가정해볼게요. 그러면 코스피200 ETF의 가격도 오르겠죠? B증권사가 A운용사에 맨 처음 맡겨놓은 200개 기업 주식이 100억원어치라면 당초 발행된 ETF 순자산 총액도 100억원이겠죠. 그런데 ETF 가격이 10% 오르면 이 ETF 순자산 총액은 110억원으로 오르게 됩니다. ETF 가격이 비싸졌으니 B증권사 입장에선 ETF를 더 많이 팔면 이득인 상황이죠. 그러면 B증권사는 200개 기업 주식을 더 사서 A운용사에 넘기고, A운용사는 ETF를 더 많이 만듭니다.

이 구조를 알면 우리가 ETF를 사고팔 때 붙는 비용이 뭔지 알 수 있습니다. 위에서 말한 '운용보수'는 자산운용사가 주식을 굴린

대가로 떼어가는 비용입니다. 이밖에도 지정참가회사(Authorized Participant, AP)가 떼어가는 보수, 은행이 떼어가는 신탁업자보수, 일반사무관리회사가 떼어가는 보수 등이 있습니다. 이런 것들(운용보수, 지정참가회사보수, 신탁업자보수, 일반사무관리회사보수)을 합쳐서 ETF '총보수'라고 합니다. 만약 현재 가격이 100만원인 ETF의 총보수율이 0.01%라면, 총보수는 1년에 100원 정도가 되는 겁니다.

📊 총보수 외에 '숨은 비용'도 주의해야 합니다

총보수 외에도 떼어가는 비용은 더 있어요. 예를 들어 '코스피200 ETF'는 코스피200 지수를 만든 회사에 '지수 사용료'를 내야 합니다. 한국거래소에 내는 거래소 수수료도 있고 회계감사를 받는 비용 등도 있는데, 이 비용들은 모두 '기타 비용'으로 칩니다. 총보수와 기타 비용을 합친 것을 '합성 총보수'라고 합니다. 그리고 ETF가 담은 종목을 사고팔 때 필요한 매매중개수수료도 있어요. 합성 총보수에 매매중개수수료까지 ETF에서 발생하는 모든 보수와 비용을 합친 게 '실비용'이에요.

이 실비용은 ETF에 투자한 사람이 부담합니다. 하지만 실비용은 ETF를 사고팔 때 따로 떼어가지는 않아요. 모든 비용과 보수는 ETF 운용 수익에서 자동으로 떼 갑니다. 우리가 보는 ETF의 수익률이, 운용 수익에서 실비용을 떼고 계산한 값이에요. 실비용은 투자설명서나 운용보고서에 나오지 않지만, ETF체크에서 확인할 수 있어요. '기본정보-수수료' 항목에 나오는 '실부담비용률'이 바로 매년 붙는 실비용입니다.

실비용이 낮으면 무조건 좋은 걸까요?

실비용이 낮다고 무조건 좋은 ETF는 아니지만, 적어도 같은 지수를 따라가는 여러 가지 패시브 ETF들 중 어떤 상품에 투자할지 고를 때 실비용은 유용한 기준이 될 수 있습니다. 어차피 패시브 ETF는 지수를 따라 가니 상품 간의 수익률 차이가 크지 않아 실비용 차이가 곧 수익률 차이로 이어질 수 있기 때문입니다.

ETF 역시 주식과 마찬가지로 사고팔 때는 매매수수료가 별도로 붙습니다. 매매수수료는 어느 증권사를 쓰는지, 모바일(MTS)로 거래하는지 PC(HTS)로 거래하는지 등에 따라 달라지므로 거래하기 전에 미리 증권사에 문의하거나 검색해서 알아봐놓는 것이 좋습니다.

- ETF에는 운용보수 등 여러 비용이 포함되어 자동으로 차감돼요.
- 총보수·합성총보수·실비용은 포함 범위가 다른 개념이에요.
- ETF를 사고팔 땐 증권사마다 매매수수료가 따로 붙어요.

ETF 이름이 비슷하면
뭘 골라야 하나요?

만약 'KODEX 200' 'TIGER 200'처럼 앞에 붙은 브랜드가 다르다면 같은 자산(코스피200)인데, 투자하는 운용사(KODEX=삼성자산운용, TIGER=미래에셋자산용)가 다르다는 겁니다. 이 경우 ETF 투자자가 우선적으로 살펴봐야 할 건 순자산과 거래량, 수익률, 실비용입니다.

순자산은 그 ETF 규모가 얼마나 큰지 보여줍니다. 일단 순자산이 적으면 ETF가 사라질(상장폐지) 가능성이 있습니다. 국내에서 상장되어 거래되는 ETF의 경우, 순자산 총액이 50억원 미만이면 관리종목으로 지정되고, 다음 반기 말까지 그 상태가 계속 유지되면 상장폐지됩니다.

순자산이 커질수록 운용보수가 낮아지는 이점도 있습니다. ETF 규모가 작든 크든 인건비, 회계비 등은 들어가기 때문에 순자산이 커지면 운용보수의 비중이 낮아집니다.

인기 있는 ETF를 골라야 하는 이유는?

그 다음으로 봐야 할 건 거래량입니다. 아무리 좋은 ETF라도, 사람들이 팔지 않으면 살 수도 없겠죠. 거래량이 중요한 이유입니다. 보통은 순자산이 크면 인기가 많은 ETF이니 사고파는 양도 많지만, 장기 보유하는 기관이나 개인 투자자가 많은 ETF면 거래량이 적은 경우도 있으니 주의해야 합니다. 하루 거래량이 10만좌 이상인 ETF를 선택하는 게 좋습니다.

다음으로 봐야 할 건 수익률과 실비용입니다. 수익률은 높을수록 좋고, 실비용은 낮을수록 좋겠죠. 다만 앞서 설명했듯 실비용은 이미 수익률에서 반영된 것이라서 자동으로 차감되고, 같은 곳에 투자하는 ETF라면 과거 수익률이 높은지만 보면 됩니다. 버크셔해서웨이 회장 워런 버핏은 "저비용 ETF를 고르라"고 강조해왔습니다. 물론 무조건 수수료만 싼 게 최고는 아닙니다.

시세보다 싸게 팔리는 ETF가 있다고요?

괴리율과 추적오차율도 들여다보는 것이 좋습니다. 괴리율은 ETF
가 제값보다 지금 얼마나 비싸거나 싸게 팔리고 있는지 보여주는 숫
자입니다. 0에 가까울수록 제값에 가깝다는 뜻이에요. 마이너스(-)
면 지금 ETF 가격이 제값보다 낮은 걸 의미하고, 플러스(+)면 ETF
가격이 제값보다 높게 거래되고 있다는 걸 의미합니다. 이왕이면 괴
리율이 마이너스(-)거나 0일 때 사는 게 유리합니다.

추적오차율은 ETF 가격이 기초지수를 얼마나 잘 따라가고 있는
지 보여주는 숫자입니다. 만약 지난 1년간 코스피200이 2% 올랐는
데, 코스피200 ETF는 1.8% 올랐다면 추적오차율은 0.2%p입니다.
이런 오차는 운용 보수나 거래 비용 등으로 생기는데, 0에 가까울수
록 좋습니다.

액티브 ETF나 특정 섹터나 테마에 투자하는 ETF라면, 이름이 비
슷해도 서로 다른 곳에 투자하는 ETF일 수 있으니 주의해야 합니다.
이런 경우 구성종목이 어떻게 다른지, 투자 비중이 얼마나 다른지
비교하는 게 좋습니다.

이것만은 꼭

- 순자산이 크고 거래량이 많은 ETF가 더 안정적이에요.
- ETF의 수익률은 높고 실비용·괴리율·추적오차율은 낮을수록 좋아요.
- ETF 이름이 비슷해도 구성종목과 투자비중은 꼭 확인해야 해요.

"어떤 ETF는 지수가 오르면 2배로 벌고,
어떤 ETF는 내려도 돈을 벌어요.
이번엔 내 투자 스타일에 맞는 ETF를 골라보죠."

4장

어떤 ETF를 골라야 하나? : ② 전략과 성향

수익 뻥튀기 '레버리지 ETF' vs 지수 떨어져도 돈 버는 '인버스 ETF'

레버리지와 인버스 ETF에 투자할 때 가장 주의해야 하는 점은, 두 ETF 모두 수익률을 하루 단위로 계산해서 다음 날 투자에 반영한다는 겁니다. 매일 수익률이 쌓이는 복리 방식으로 운용된다는 얘기인 거죠.

"개별 종목에 투자하기에는 겁이 나서 ETF에 투자했는데도 투자한 돈이 어느새 반토막이 됐네. 정말 주식이고 ETF고 뭐고, 다시는 쳐다보기도 싫네. 조카야, 넌 앞으로 주식시장에는 발도 들여놓지도 마라."

지난 명절, 모처럼 고향에 온 삼촌이 이제 막 주식 공부를 시작한 조카에게 이렇게 이야기합니다. 어느 집이나 명절에는 아파트를 샀다는 삼촌은 웃는데, 주식을 했다는 삼촌은 인상을 찌푸리는 경우가 많습니다. 주식시장이 상승세를 타는데도 유독 우리 삼촌만 '똥손'인 것도 어느 집이나 비슷하죠. 조카에게 용돈을 주기 싫어 투자 손실액을 부풀리는 일종의 '분식회계'로 가족에게 회계공시(?)를 하는 건지 알 수 없는 노릇이죠.

어쨌든 "ETF에 투자를 했는데도 투자금이 반토막 났다"는 삼촌의 말이 믿어지지 않지요? 어디에 투자했기에 이런 암울한 결과가 나온 걸까요?

이 삼촌이 투자한 상품이 무엇인지 봤더니 반도체 3배 ETF인 'Direxion Daily Semiconductor Bull 3X Shares(SOXL)'였습니다. 뉴욕증시에 상장한 이 ETF는 미국 뉴욕증권거래소 반도체 지수(NYSE Semiconductor Index)를 추종합니다. 그런데 ETF 이름에 달린 '3배'에서 알 수 있듯이, 이 ETF는 기초지수 변동률을 똑같이 따라가지는 않습니다. 반도체 지수가 한 발짝 움직이면, 이 ETF는 세 발짝 움직입니다. 지수가 1% 오르면 3% 오르지만, 1% 내리면 3% 내립니다. 기초지수가 상승할 것이라 예상할 때 투자하면 고수익을 추구할 수는 있습니다만, 예상과 반대로 움직이면 삼촌처럼 큰 손실을 보게 되죠.

수익과 손실이 '뻥튀기' 된다?

이렇게 수익과 손실을 '3배'씩 '뻥튀기'할 수 있는 것은 레버리지(Leverage), 우리 말로 '지렛대 효과' 때문입니다. 금융시장에서 레버리지 효과를 내려면 빚(부채)을 활용해야 합니다. 가령 1억원짜리 집이 2억원으로 2배 올랐다고 가정합시다. 온전히 자기 돈 1억원으로 투자했다면 수익률은 2배입니다. 하지만, 5천만원의 빚을 내 자기 돈 5천만원으로 투자할 경우 수익률은(이자 비용을 고려하지 않고 거칠게 계산하면) 4배가 됩니다.

레버리지 ETF는 펀드 투자금으로 기초자산을 산 뒤, 이 기초자산을 담보로 빚을 내 투자 규모를 키우는 구조입니다. '빚을 얼마나 내느냐'에 따라 투자 규모가 2배, 3배로 커지게 되죠. 기초자산의 하루 상승률을 3배로 추구하면 '레버리지 3X ETF', 4배로 추구하면 '레버리지 4X ETF'라고 부릅니다. 빚을 내서 투자 규모를 키웠으니, 기초자산 가격이 하락하면 큰 손실을 볼 수 있습니다.

이런 레버리지 상품은 지수가 하락하면 손실도 눈덩이처럼 커집니다. 그렇기 때문에 레버리지 ETF는 앞으로 상승장이 지속할 것이라는 분명한 확신이 있을 때만 투자를 고려하는 게 좋습니다.

투자를 하다 보면, 주가지수가 너무 올라서 지금 투자하기에는 위험할 것 같은 느낌이 올 때가 있습니다. 기업 실적도 앞으로는 내려갈 일밖에 없고, 금리나 물가, 고용 등 거시경제 전망도 불투명한 상황이라고 생각해보죠.

증권회사 리서치센터에 있는 증시 전문가의 투자 보고서에서도 부정적 전망이 흘러나옵니다. 아무리 봐도 주가가 더 오를 여지가 없다고 확신할 만한 때죠. 이럴 때 투자해볼 만한 ETF도 있습니다. 바로 '인버스(Inverse) ETF'입니다.

인버스는 우리 말로 '거꾸로'라는 의미죠. 말 그대로 지수가 하락해야 돈을 버는 '청개구리 ETF'입니다. 가령 '코스피 인버스 ETF'에 투자했다면, 코스피가 1% 하락할 때 투자자는 거꾸로 1% 수익을 내는 구조인 거죠. 주가지수가 고점을 찍고 하락할 때, 투자자는 다음 매수 타이밍을 잡기 위해 지수가 충분히 내릴 때까지 기다릴 필요 없이 이 인버스 ETF를 사서 수익을 낼 수 있습니다.

인버스 ETF가 수익을 내는 원리는 공매도 거래와 비슷합니다. 공매도는 주가 하락을 예측하고 주식을 빌려 판 뒤, 나중에 주가가 예측대로 내리면 다시 싼 값에 주식을 사서 되갚는 방식으로 수익을 냅니다.

가령 A기업 주가가 100만원일 때 주식을 빌려 100만원에 팔고, 나중에 주가가 90만원으로 떨어졌을 때 주식을 사 되갚으면 10만원의 수익을 낼 수 있죠. 코스피 인버스 ETF는 코스피 지수 선물을 공매도하는 상품이라고 볼 수 있습니다.

아주 명확한 하락장이 올 것이라는 확신이 들고, 이 하락장에서 남들보다 더 많이 벌고 싶다면 '인버스 2X ETF'에 투자하면 됩니다. 이 상품은 지수가 1% 하락하면, 보통 인버스 수익률의 2배인 2%의 수익률을 올리도록 설계되어 있죠. 일명 '곱버스 ETF'라고 합니다. 레버리지 ETF의 원리를 지수의 반대 방향으로 활용하는 것이죠.

물론 이 인버스 2X ETF도 레버리지 ETF처럼 지수가 예상과 다르게 움직이면 손실도 2배로 커질 수 있습니다. '고수익'을 추구할수록 '고위험'을 감수해야 하는 것은 투자에선 피할 수 없는 원칙이죠.

레버리지와 인버스 ETF에 투자할 때 가장 주의해야 하는 점은, 두 ETF 모두 수익률을 하루 단위로 계산해서 다음 날 투자에 반영한다는 겁니다. 매일 수익률이 쌓이는 복리 방식으로 운용됩니다.

코스피 레버리지 ETF를 예로 들어봅시다. 기초지수인 코스피가 2000포인트에서 다음날 100포인트가 내렸다가, 그 다음 날 다시 100포인트가 올라 제자리로 돌아왔다고 가정합시다. 단순히 코스피에 투자했다면, 수익률은 0%가 됩니다. 그런데 기초자산 수익률의 2배를 추구하는 '코스피 레버리지 2X ETF'에 투자했을 때는 결과가 다릅니다. 원래 코스피는 2000포인트에서 1900포인트로 내려 5%가 하락했습니다. 하지만 레버리지 ETF는 그 2배인 10%가 내려 1800포인트로 하락한 게 되죠. 다음날 코스피가 100포인트 오르면 5.26%가 올라 제자리인 2000포인트로 돌아온 게 되는데요, 레버리지 ETF라면 전날 1800포인트에서 기초자산 상승률의 2배인 10.52%가 올라 1989.36포인트가 됩니다. 기초자산에 투자했다면

레버리지 ETF와 인버스 ETF의 차이	
레버리지 ETF	인버스 ETF
추종하는 지수의 일간수익률을 곱절로 추구하는 ETF. 추종 지수가 당일 1% 올랐다면 2%가 오르는 것을 추구하고, 반대로 1% 떨어졌다면 2%가 떨어지는 식으로 설계.	추종하는 지수의 일간수익률을 역(-)으로 추구하는 ETF. 추종 지수가 당일 1% 떨어졌다면 반대로 1%가 오르고, 반대로 1% 올랐다면 1% 떨어지는 식으로 설계.

손실을 본 게 없지만, 레버리지 ETF에선 0.53% 손해가 나게 되죠. 인버스의 원리도 기초자산의 움직임과 반대 방향일 뿐 이와 같습니다.

레버리지와 인버스 ETF는 이렇게 매일 복리 방식으로 수익률을 계산하기 때문에, 날마다 지수 변동 폭이 큰 상황에서는 손실도 커질 수 있습니다. 이 때문에 이 두 ETF는 단기간에 수익을 내고 매도하는 '치고 빠지기'식 투자에 적합합니다. 즉 오랫동안 장기 투자를 할 수단은 못 된다는 것이죠.

- 레버리지 ETF는 지수보다 몇 배 빠르게 오르내리는 고위험 상품이에요.
- 인버스 ETF는 지수가 내려갈 때 반대로 수익이 나는 구조예요.
- 두 상품 모두 단기 투자용이며, 장기 보유 시 손실이 커질 수 있어요.

환율 고민 없앤 '환헤지형 ETF' vs '환율 타기' 즐기는 '환노출형 ETF'

환율은 해외 ETF 투자에서 수익률을 좌우하는 핵심 변수 중 하나입니다.
환 위험을 차단하는 환 헤지형(H) ETF와 변동성을
그대로 반영하는 환 노출형 ETF의 특징을 함께 살펴보겠습니다.

자본시장에선 "환율 예측은 신도 하기 어렵다"는 말이 있을 정도로 환율 전망은 전문가들에게도 난이도가 높습니다. 경제의 흐름뿐만 아니라, 정치적 사건 등 온갖 변수가 환율에 반영되기 때문입니다.

또한 환율은 단기적으로는 예측 불가능한 변동성을 보이는 경우가 많아, 투자 성과와 무관한 스트레스를 키우기도 합니다. 특히 장기 투자자나 안정적인 수익을 기대하는 투자자에게는 환율 변동이 불필요한 위험 요소로 작용할 수 있습니다. ETF 투자시 환율 변동을 걱정하기 싫다면, 운용보수를 조금 더 내더라도 환 헤지형 ETF를 선택하는 것도 괜찮은 전략일 수 있습니다.

환 헤지형 ETF

"미국 채권에 투자하려는데, 환율 때문에 걱정이에요. 채권가격이 올라도 달러가치가 내리면, 손해 볼 수도 있지 않아요?"

ETF 투자가 국제화하는 추세에서, 이런 걱정을 하는 투자자가 많습니다. 국내 ETF라면 상관이 없지만, 해외 자산에 투자할 때는 환율은 결코 무시할 수 없는 변수죠. 미국 주식 가격이 10% 올라도 달러가치가 20% 떨어지면, 결과적으로는 손해를 볼 수도 있습니다.

이런 걱정을 하는 투자자를 위한 상품이 '환 헤지(Hedge)형 ETF'입니다. '방지책'을 의미하는 Hedge의 첫 글자 H를 따, ETF 이름에 '(H)' 마크를 붙인 게 이런 상품이죠. 이 마크가 붙은 ETF는 환율 변동 위험을 차단해 순수하게 투자 자산의 가치에만 베팅할 수 있습니다.

환 노출형 ETF

'(H)' 마크가 붙어 있지 않은 해외 ETF는 모두 '환 노출형 ETF'입니다. 투자 자산의 가치뿐만 아니라 환율의 상승과 하락이 투자 수익에 모두 반영됩니다.

ETF 운용보수는 환 헤지형 ETF가 상대적으로 더 비쌉니다. 펀드를 설계한 자산운용사는 환율 변동을 헤지하는 업무를 추가로 더 해야 하니, 환 노출형 ETF의 운용보수보다 비싼 게 당연하죠.

환 헤지형 ETF와 환 노출형 ETF의 차이	
환 헤지형 ETF	환 노출형 ETF
환율 변동의 영향을 받지 않고 순수하게 종목의 가치에 투자할 수 있는 ETF. 상품명에 '(H)' 마크가 붙는다.	환율 상승과 하락을 그대로 수익에 반영하는 ETF. 상품명에 '(H)' 마크가 없다.

투자자 입장에선 환 헤지형과 환 노출형 중 어떤 ETF에 투자할 것인지 신중히 고민해서 투자할 필요가 있습니다. 가령 달러가치가 계속 오르는 상황이라면 환 노출형 상품이 훨씬 유리할 수 있는데, 투자 자산 가격도 오르고 달러가치까지 오르면 일석이조의 효과를 거둘 수 있죠.

- 환 헤지형 ETF는 환율 영향을 막아 자산 가치에만 투자해요.
- 환 노출형 ETF는 환율 변동이 수익률에 그대로 반영돼요.
- 환율 예측이 어렵다면 환 헤지형이, 달러 강세 땐 환 노출형이 유리해요.

"자산 구성에 따라 달라요"
_ 주식형 vs 채권형 vs 혼합형

ETF는 하나의 상품 안에 여러 자산을 담아 투자할 수 있도록 설계된 금융상품입니다.
ETF의 다양한 유형 가운데서도 주식형 ETF, 채권형 ETF, 혼합형 ETF를
중심으로 기본 구조와 특징을 살펴보겠습니다.

ETF는 겉으로 보기엔 모두 비슷해 보여도, 어떤 자산을 기초로 하느냐에 따라 투자 성격과 위험 구조가 완전히 달라집니다. 같은 ETF라도 주식에 투자하느냐, 채권에 투자하느냐에 따라 변동성의 크기와 기대수익, 그리고 포트폴리오에서의 역할이 달라지게 되죠. 따라서 ETF 투자를 시작할 때는 '이 상품이 무엇을 사고 있는가'라는 질문부터 던지는 것이 중요해요.

여기에서는 수많은 ETF 유형 가운데서도 일단 가장 기본이 되는 주식형 ETF, 채권형 ETF, 혼합형 ETF에 초점을 맞춰 살펴보죠. 이 세 가지 유형은 ETF 시장의 뼈대를 이루는 구조이자, 개인 투자자가

실제 투자에서 가장 자주 접하게 되는 상품들이예요. 각 ETF가 어떤 자산에 투자하고, 어떤 상황에서 강점과 한계를 갖는지 차례로 정리해보죠.

주식형 ETF

주식형 ETF는 다양한 기업의 주식을 한 바구니에 담아 투자하는 ETF라고 볼 수 있죠. 주식은 국내 주식일 수도 있고, 해외 주식일 수도 있습니다.

① 대표지수 ETF

주식의 범주도 워낙 넓기 때문에 주식형 ETF 안에도 다양한 갈래가 있습니다. 먼저 '대표지수 ETF'가 있습니다. 각 나라 주식시장의 대표 지수를 추종해 투자하는 것입니다.

한국에선 코스피200·코스피100·KRX100·코스닥150·MSCI코리아인덱스 등을 따라가는 ETF가 있죠. 미국 증시라면 스탠더드앤드푸어스(S&P) 500, 나스닥100이, 일본에선 닛케이225·토픽스 등을 따라가는 ETF가 있습니다.

② 섹터형 ETF

주식시장을 업종별로 나눈 '섹터형 ETF'도 있습니다. 대표지수

ETF처럼 전체 시장 지수를 따라가는 것이 아니라, 개별 섹터별로 나 뉜 지수를 추종하는 ETF죠.

국내에선 코스피200 건설, 코스피200 철강·소재, 코스피200 정 보기술(IT), 코스피200 헬스케어 등 다양한 섹터별 지수가 있는데 요, 섹터형 ETF는 이들 지수를 추종합니다. 예를 들어 코스피200 정 보기술 지수를 추종하는 ETF를 산다면, 국내 대표 IT 기업인 삼성 전자·SK하이닉스·LG전자·네이버 등 기업 주식에 골고루 투자하는 것과 같습니다.

섹터형 ETF의 장점은 '분산 투자'입니다. 코스피200 건설 ETF에 투자했다고 가정합시다. 일부 건설사 실적이 부진해도 전반적인 건 설 경기와 실적이 개선되는 상황이라면 성공적으로 수익을 낼 수 있 습니다. 만약 개별 건설사 주식에 투자했는데, 하필이면 실적이 부 진한 종목을 골랐다면 어떻게 될까요? 건설 경기가 좋아서 다른 건 설사 주식을 산 사람은 웃고 있는데, 나 혼자만 웃을 수 없는 상황이 일어날 수도 있겠죠.

또한 개별 산업의 경기순환, 즉 경기 사이클 분석을 통한 투자가 가능합니다. 코스피를 따라가는 대표지수 ETF를 산다는 것은, '한국 증시' 전체를 투자 대상으로 삼겠다는 의미가 되죠. 이를 섹터별로 나눈다면 앞으로 불황이 예상되는 섹터는 투자하지 않고 호황이 기 대되는 산업만 선별해서 투자하는 방식으로, 좀 더 효율적인 투자를 할 수 있습니다.

③ 테마형 ETF

섹터형 ETF와 비슷한 것이 테마형 ETF입니다. 섹터형 ETF는 단순히 카테고리로 나눈 업종별 지수를 추종합니다. 그러나 테마형 ETF는 시장이 형성한 트렌드를 중심으로 투자 자산을 구성합니다.

요즘처럼 AI 기술이 대세라면, AI 반도체와 AI 소프트웨어, AI 로봇 등 다양한 섹터를 섞어서 'AI 테마'에 투자하는 ETF를 만들 수 있지요. 반도체 업종 중에서도 특히 소재·부품·장비업체 위주로 투자하고 싶다면, '반도체 소부장' 테마에 투자하는 ETF를 만들 수도 있습니다.

언론보도를 보면, 자산운용사들이 시장 상황에 따라 새로운 테마의 ETF를 개발해 출시했다는 뉴스를 흔히 볼 수 있는데요, 투자자 여러분이 주의할 점은 이렇게 새롭게 출시하는 ETF가 반드시 좋은 수익률을 보장하는 건 아니라는 겁니다. 최신 트렌드가 신상품 설계에 반영되긴 하지만, 출시될 때는 이미 주식시장에서 트렌드를 형성한 이후일 수도 있습니다.

④ 단일 종목 ETF

특이하게도 한 종목의 주가만을 추종하는 ETF도 있습니다. 이를 '단일 종목 ETF'라고 하죠. 종목에 투자하려면 개별 주식을 사면 되지, 굳이 한 종목에 투자하는 ETF를 사야 할 이유가 무엇인지 궁금할 수도 있겠습니다.

그 이유는 간단합니다. ETF를 활용하면 앞서 설명한 레버리지와

주식형 ETF의 종류	
대표지수 ETF	코스피·나스닥 등 각 나라 주식시장의 대표 지수를 추종해 투자하는 ETF
섹터형 ETF	전체 시장 지수가 아닌, 개별 섹터별로 나눈 지수를 추종하는 ETF
테마형 ETF	시장에서 형성된 트렌드를 중심으로 투자 자산을 구성한 ETF
단일 종목 ETF	하나의 종목을 레버리지, 인버스 방식으로 투자할 수 있게 만든 ETF

인버스 방식의 투자가 가능하기 때문이죠. 가령 엔비디아의 주가가 앞으로 계속 오를 것으로 예상하면, 주가 상승률의 '2배' '3배' 수익을 추구하는 '엔비디아 단일 종목 레버리지 ETF'에 투자해 수익을 극대화할 수 있습니다. 엔비디아의 주가가 내릴 것으로 예상하면 반대로 이 종목을 인버스 방식으로 투자하는 ETF를 사면 됩니다.

이와 함께 단일 종목 ETF를 활용하면, 1주 가격이 수백만원대까지 오른 '황제주'를 소액으로 투자할 수 있는 장점도 있습니다. 다만 한국에서는 단일 종목 ETF를 만들 수 없어요. 미국 증시에선 단일 종목 ETF가 투자자의 인기를 끌고 있습니다.

채권형 ETF

투자 자산이 주식이 아니라 채권인 '채권형 ETF'도 있습니다. 국내 채권뿐만 아니라 미국·일본·인도 등 해외 채권도 모두 기초자산이 될 수 있습니다. 채권 중에서도 국공채·회사채·단기자금 등 다양하게 선택할 수도 있죠.

채권은 주식보다 변동성이 작기 때문에 상대적으로 안전한 투자 자산으로 꼽힙니다. 주식형 ETF를 공격적으로 담았다면, 포트폴리오 분산 차원에서 채권형 ETF를 함께 담는 것이 좋습니다. 주가가 하락해 주식형 ETF에서 손실을 보더라도 채권형 ETF에서 수익을 내면서 안정적으로 투자할 수 있기 때문입니다.

채권형 ETF는 개별 채권처럼 '이자'를 준다는 점이 매력 포인트입니다. 다만 투자 자산이 되는 채권도 금융투자상품이기 때문에, 채권형 ETF도 원금보장이 되지 않는다는 점을 주의해야 합니다. 신용등급이 좋은 국공채나 AA급 이상 회사채는 부도 확률이 높지 않기 때문에 원금 손실 위험은 현저히 낮다고 볼 수 있습니다. 다만 높은 이자율을 약속하는 저신용등급 회사채에 투자하는 ETF는 수익률이 높은 만큼 원금 손실 위험도 커질 수 있죠.

주식형 ETF에 투자할 때는 추종하는 대표지수나 섹터, 종목의 미래 성장성을 분석하는 것이 중요합니다만, 채권형 ETF는 기준금리의 방향성을 살피는 게 중요합니다. 기준금리가 오를 것으로 예상하면 만기가 짧은 단기채권이, 반대로 금리가 내릴 것으로 예상하면 만기가 긴 장기채권 투자가 유리합니다.

만기가 길면 길수록 원금 회수에 오랜 시간이 걸리기 때문에, 금리 변동에 민감하게 반응할 수밖에 없습니다. 장기채권은 금리 인하기에 꽤 짭짤한 매매수익도 기대할 수가 있죠. 반면 단기채권은 금리의 영향을 받기는 하지만, 변동성이 작기 때문에 금리 인상기에 안정적인 수익을 기대할 수 있어요.

특히 해외 채권 수익률을 추종하는 해외 채권 ETF라면 환율 변동 위험도 고려해서 투자하는 게 좋아요.

혼합형 ETF

주식과 채권 모두에 투자하는 '혼합형 ETF'도 있습니다. 변동성은 크지만 고수익을 추구할 수 있는 주식, 안정적인 수익을 추구할 수 있는 채권의 장점을 모두 살릴 수 있는 게 혼합형 ETF의 가장 큰 장점이죠. 증시 하락장에서 주식에서 발생하는 손실을 방어적 성격이 있는 채권이 줄여 줄 수 있어요.

하지만 두 자산이 혼합된 것이 단점일 때도 있습니다. 가령 증시 상승장에서는 주식 투자 비중이 높은 것이 절대적으로 유리할 수 있는데요, 혼합형 ETF는 주식만이 아니라 채권도 함께 투자하게 되니까 주식에 투자할 때보다 상대적으로 수익률이 낮을 수밖에 없습니다. 고속 구간에서 '가속페달을 마구 밟은 자동차'를 '가속페달과 브

주식형 ETF, 채권형 ETF, 혼합형 ETF의 차이		
주식형 ETF	채권형 ETF	혼합형 ETF
지수나 업종, 테마 등 다양한 주식에 분산 투자하는 ETF. 고수익을 추구하지만, 원금 손실 위험이 크다.	국채와 회사채 등 고정 수익을 얻을 수 있는 채권에 투자하는 ETF. 안정적인 수익 추구가 가능하다.	주식과 채권에 모두 투자해 두 자산의 장점을 모두 취할 수 있는 ETF. 물론 주식과 채권, 이 두 자산의 단점도 반영된다.

레이크를 같이 밟으면서 가는 자동차'가 이길 수 없는 것과 같죠.

또한 기준금리가 오르는 시기에는 채권가격이 내려갈 수밖에 없어요. 그러면 채권을 담은 혼합형 ETF도 손실이 생길 수 있습니다. 성격이 다른 두 자산에 동시에 투자하면서 시너지를 내기도 하지만, 간혹 '어색한 동거'가 되기도 한다는 점은 주의해야 해요.

- 주식형·채권형·혼합형은 투자 자산 구성에 따라 나뉘어요.
- 주식형은 성장성을, 채권형은 금리 방향을 보고 판단해요.
- 혼합형은 위험을 줄이지만 상승장에선 수익이 제한돼요.

돈이 되는 자산이라면
어디든 투자할 수 있어요

ETF는 앞서 소개한 주식과 채권뿐만 아니라 금·은·대두·원유·구리 등의
원자재도 투자 자산이 됩니다. 뿐만 아니라 비트코인·이더리움 등 암호화폐,
심지어 탄소배출권에 이르기까지 광범위하게 투자합니다.

ETF가 투자할 수 있는 자산의 범위는 계속 넓어지고 있습니다.
과거엔 주식·채권 등 전통자산 중심이었지만, 이제는 원자재, 외화·
암호화폐, 탄소배출권, 농산물까지 '돈이 흐르는 모든 것'을 ETF로
만들고 있죠. 자본시장은 불법적인 영역만 아니라면, 경제적 가치가
있는 거의 모든 것을 금융상품으로 만들어내는 방향으로 진화하고
있습니다.

덕분에 투자자들은 복잡한 실물투자 분야에 상대적으로 쉽게 투
자할 수 있게 되었습니다. 직접 금을 보관하거나 원유 선물에 투자
하지 않아도, ETF 하나로 동일한 효과를 얻을 수 있기 때문입니다.

다만 자산 특성에 따른 가격변동과 같은 위험요인은 꼭 이해하고 투자하는 게 중요해요.

원자재 ETF

ETF가 추종하는 기초자산은 주식이나 채권만 있는 게 아니죠. 어떤 자산에 투자하느냐에 따라 다양한 ETF가 만들어질 수 있습니다. 가령 원유·금·곡물·구리·커피 등 원자재에 투자하는 ETF도 있어요. 개인투자자는 직접 원자재 선물 거래를 하기 어렵기 때문에 ETF로 좀 더 쉽게 접근할 수 있습니다.

원자재 ETF는 주식시장과 다른 흐름을 보일 때가 많아, 포트폴리오 분산 수단으로 활용되기도 합니다. 인플레이션이 심해질 때 금이나 원유 같은 실물자산 가격이 오르는 경우가 대표적이죠. 다만 원자재 가격은 주식보다 더 널뛰기가 심할 수도 있어 주의해야 해요. 단기 투기보다는 자산 배분 관점에서 접근하는 것이 바람직합니다.

외화·암호화폐 ETF

미국 달러나 일본 엔화 등 해외 통화에 투자하는 ETF도 있습니다. 비트코인·이더리움 등 암호화폐에 투자하는 ETF도 있죠. 암호화폐

다양한 자산에 투자하는 ETF	
원자재 ETF	금·곡물·구리 등 원자재 가격을 추종하는 ETF
해외 통화 ETF	미국 달러화, 일본 엔화 등 해외 통화 가치를 추종하는 ETF
암호화폐 ETF	비트코인·이더리움 등 암호화폐 가격을 추종하는 ETF
리츠·부동산 ETF	오피스 빌딩, 물류센터, 주거용 부동산 등 부동산을 소유·임대하며 발생한 수익을 추종하는 ETF
탄소배출권 ETF	기업이 배출할 수 있는 탄소량을 '권리' 형태로 만들어 편입한 ETF
농산물 ETF	옥수수·대두·커피 등 농산물 가격을 추종하는 ETF

형태의 비트코인에는 기관투자가가 투자 대상으로 접근하기 어렵지만, 비트코인 가격을 추종하는 ETF 상품을 만들면 이는 금융투자상품 형태로 거래되기 때문에 기관투자가가 쉽게 투자할 수 있어요.

외화 ETF는 특정 국가 통화의 강세나 약세에 베팅하는 수단으로 활용됩니다. 암호화폐 ETF는 가격 변동성이 매우 크기 때문에 높은 수익을 기대할 수 있는 만큼 손실 위험도 상당히 크다는 점을 기억해야 해요.

- ETF는 원유·금·곡물 등 원자재에도 투자할 수 있어요.
- 외화·암호화폐 ETF로 통화나 디지털 자산에도 투자 가능해요.
- 원자재·암호화폐 투자 ETF는 변동성이 커서 신중히 접근해야 해요.

"같은 ETF라도 투자 방법에 따라 수익률이 달라져요.
한 번에 다 사지 말고 조금씩 꾸준히 사면 위험을 줄이고,
거기에 더해 절세계좌를 쓰면 이익을 더 남길 수 있죠."

5장

ETF 수익률을 높여라
: 적립식투자 및
절세계좌 활용법

ETF는 언제 사야 제일 가격이 쌀까요?

하루라도 빨리 S&P500지수 추종 ETF를 사는 게 정답일까요?
꼭 그렇진 않습니다. 프랑스의 전설적 투자자였던 고(故) 앙드레 코스톨라니의
'산책하는 개' 이론을 염두에 두고 ETF 진입 시기를 판단해야 해요.

"인생은 타이밍"이라는 말이 있습니다. ETF에 투자할 때도 마찬가지예요. 언제 사느냐에 따라 거둘 수 있는 수익률이 크게 달라질 수 있습니다. 기본적인 원칙은 간단합니다. 마트에서 장을 볼 때 '바겐세일' 중인 상품을 고르는 것처럼 값이 쌀 때 사들이는 거예요.

다만 단지 '싸 보인다'는 느낌만으로 섣불리 ETF 매수에 나서는 것은 위험할 수 있습니다. 자산 가격에는 성장성, 금리 환경, 경기 사이클 같은 여러 요소가 함께 반영되기 때문입니다. 결국 ETF 투자에서의 타이밍이란, 단순한 직감이 아니라 흐름과 위치를 함께 판단하는 문제라고 볼 수 있습니다.

오늘이 가장 싸다?

　우선 대부분의 자산 가치는 시간이 지날수록 물가 상승에 따라 오릅니다. 그래서 중장기적으로 보면 하루라도 빨리 사는 게 유리하죠.

　하지만 현실은 그렇게 단순하지 않아요. 성장이 멈춘 나라나 산업에 투자한 ETF는 오히려 장기 하락을 겪을 수도 있습니다. 일본의 닛케이225지수가 대표적이에요. 1989년 말 39,000포인트까지 올랐다가 거품이 꺼지면서 20년 넘게 하락했고, 2011년 말엔 8,455포인트까지 떨어졌습니다.

　현재 꾸준히 성장하는 대표 국가는 미국이에요. 미국의 투자귀재 워런 버핏 버크셔해서웨이 창업자는 2021년 2월 투자자들에게 보낸 연례 서한에서 "절대 미국 경제의 성장에 역행해 투자하지 말라(Never bet against America)"고 조언하기도 했죠. 버핏은 초보 개인 투자자들에게 "미국의 대표 주가지수인 S&P500 지수를 기초로 한

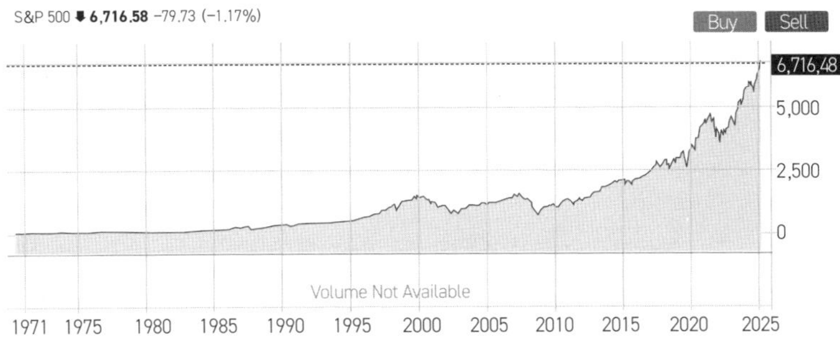

ETF에 장기 투자하라"고 여러 번 강조해왔어요.

실제로 S&P500 지수를 따라가는 ETF 'SPY'가 처음으로 거래된 1993년 1월 29일에 이 ETF를 매수했다면, 32년이 지난 2025년 12월 31일 기준으로 15배 넘게 불었을 겁니다. 연평균 수익률로 따지면 복리 기준 9% 수준이죠. 만일 투자 기간에 받은 분배금을 전부 SPY에 재투자했다고 가정하면, 수익률은 더 높아졌을 겁니다.

저평가 시기에 사는 게 유리해요

그럼 하루라도 빨리 S&P500지수 추종 ETF를 사는 게 정답일까요? 꼭 그렇진 않습니다. 프랑스의 전설적 투자자였던 고(故) 앙드레 코스톨라니의 '산책하는 개' 이론을 염두에 두고 판단해야 해요. 이 이론에 따르면, 주인(실물경제)이 개(자산시장)와 함께 산책하다 보

면, 목줄을 찬 개가 주인을 앞서거니 뒤서거니 움직이는데, 가능하면 개가 주인 뒤에 있을 때인 저평가 국면에서 자산을 사는 게 유리하다는 겁니다. 요컨대, 일찍 투자에 나서되 가급적 저점을 잡으려고 노력해야 합니다.

분배금 받으려면 분배락일 전날까지 매수해야 해요

분배금을 지급하는 ETF에 투자한다면, 분배금 지급 시기도 고려해야 합니다. 언제 사느냐에 따라 해당 분배금을 받을 자격 여부가 판가름되기 때문이에요.

ETF CHECK

12/30 ● 장마감

최근 5년간 배당 현황

(단위:USD)

배당락일	1주당 배당금	배당률
2025/12/19	1.99	0.29%
2025/09/19	1.83	0.28%
2025/06/20	1.76	0.29%
2025/03/21	1.70	0.30%
2024/12/20	1.97	0.34%
2024/09/20	1.75	0.31%
2024/06/21	1.76	0.32%
2024/03/15	1.59	0.31%
2023/12/15	1.91	0.40%
2023/09/15	1.58	0.35%
2023/06/16	1.64	0.37%
2023/03/17	1.51	0.38%
2022/12/16	1.78	0.46%
2022/09/16	1.60	0.41%
2022/06/17	1.58	0.43%
2022/03/18	1.37	0.31%
2021/12/17	1.64	0.35%
2021/09/17	1.43	0.32%
2021/06/18	1.38	0.33%
2021/03/19	1.28	0.33%

가장 역사가 오래된 S&P500 지수 ETF인 SPY를 예로 들어보죠. SPY는 분기마다 분배금을 나눠줍니다. 2025년 4분기 분배금에 대한 분배락일(Ex-Dividend Date)은 현지시간으로 12월 19일이었어요. 즉 12월 19일은 분배금을 받을 권리가 사라지는 날이라, 전날인

12월 18일까지 매수해야 분배금을 받을 수 있다는 뜻입니다. 당시 분배금 규모는 한 좌당 1.99달러(분배율 0.29%)였어요. SPY는 통상 분기 마지막 달 셋째 주를 분배락일로 잡습니다. 코스콤의 ETF체크에서 SPY를 포함한 전 세계 ETF들의 과거 분배락일 추이를 확인할 수 있어요.

참고로 일부 증권정보 포털에선 ETF별로 분배락일 대신 '분배금 지급 기준일(Record Date)'을 안내하기도 합니다. ETF가 상장된 국가에 따라 계산법이 달라지면서 헷갈릴 수 있어요. 따라서 어떤 ETF든 분배락일을 기준으로 삼고, '분배락일 전날까지만 매수하면 분배금을 받을 수 있다'고 이해하는 것이 간편합니다.

개장 직후와 마감 직전을 피하라고요?

하루 중 언제 ETF를 사느냐도 수익률에 영향을 미칩니다. 국내 증시에 상장된 ETF를 매수할 땐 가급적 정규장 개장 직후(9시~9시 5분)와 마감 직전(오후 3시 20분~3시 30분)은 피하는 것이 좋습니다. 해당 시간엔 거래량 부족으로 가격이 왜곡될 가능성이 있기 때문입니다.

거래량이 부족해지는 이유는 뭘까요? 나머지 시간에는 자산운용사와 미리 계약한 증권사(LP·유동성 공급자)가 ETF 가격을 순자산 가치와 비슷하게 유지하도록 유동성을 공급할 의무가 있습니다.

하지만 정규장 개장 직후 5분과 마감 직전 10분엔 그 의무가 없어요. 즉 이때는 호가를 내는 참여자가 적어 매수·매도 간 가격 차(스프레드)가 벌어집니다. 이 때문에 해당 시간대엔 거래량이 줄어 투자자가 ETF를 적정 가격보다 비싸게 사거나 헐값에 팔 위험이 커지게 되는 거예요.

해외증시 기초 ETF를 살 땐 주의하세요

정규장 개장 직후와 마감 직전이 아니더라도 ETF 가격은 순자산 가치와 괴리될 수 있습니다. 해외 자산을 기초로 하는 ETF가 국내 자산에 기초하는 ETF보다 괴리율이 큰 경향이 있어요. 그 이유는 해외 거래소와의 시차 때문입니다.

예를 들어 S&P500 지수는 미국 증시 상황에 따라 실시간으로 움직이는 지수입니다. 미국에 상장된 ETF인 SPY는 S&P500 지수의 움직임을 실시간으로 반영하면서 가격이 움직여요.

하지만 국내 상장 S&P500 지수 ETF인 TIGER 미국S&P500은 미국 증시가 마감하고 한국 증시가 개장한 다음에야 거래할 수 있습니다. 이 때문에 간밤(한국 시간 기준)에 미국 증시에서 S&P500 지수가 크게 출렁일지라도, TIGER 미국S&P500은 실시간으로 지수의 움직임을 반영하긴 어렵습니다.

또한 한국거래소는 ETF 가격이 하루에 30% 넘게 오르거나 떨어지지 못하게 제한합니다. 미국에는 이런 규제가 없어요. 예를 들어 S&P500 지수가 50% 급등해도 TIGER 미국S&P500 가격은 30%까지만 상승할 수 있습니다. 그 차이만큼 괴리율이 커질 수 있다는 뜻이에요.

- ETF 장기 수익률을 높이려면 성장 시장에 빨리 투자하는 게 유리해요.
- 장 시작 직후와 마감 직전엔 ETF 거래량이 부족할 수 있어요.
- 해외상장 ETF는 괴리율이 커질 수 있어 주의해야 해요.

한 방에 쏘는 거치식 vs 조금씩 쌓는 적립식

거치식 투자와 적립식 투자 중에서 어떤 전략이 더 나은지는 경우에 따라 다릅니다.
투자자 각자의 생애주기나 투자 성향, 자금 사정,
ETF 시황 등에 따라 자신만의 정답을 찾아보세요.

ETF에 투자할 땐 자금을 언제 얼마만큼 투입할지도 신경 써야 해요. 우선 자신의 투자 실력에 자신 있다면, 돈을 한 번에 투입하는 '거치식' 투자 전략이 유리합니다. 하지만 최악의 경우, 고점을 잡고 불시에 닥치는 경제 위기까지 겹치면 오랜 시간 고통을 겪을 수도 있어요.

예를 들어 '닷컴 버블'이 절정이던 2000년 3월 24일 S&P500 지수(약 1527포인트)를 기초로 하는 ETF에 보유 현금 1억원을 한꺼번에 투자했다면, 그 후로 버블 붕괴로 하락장을 맞아 2년여 만인 2002년 10월 9일 투자금은 5천만원가량으로 반토막이 났을 겁니

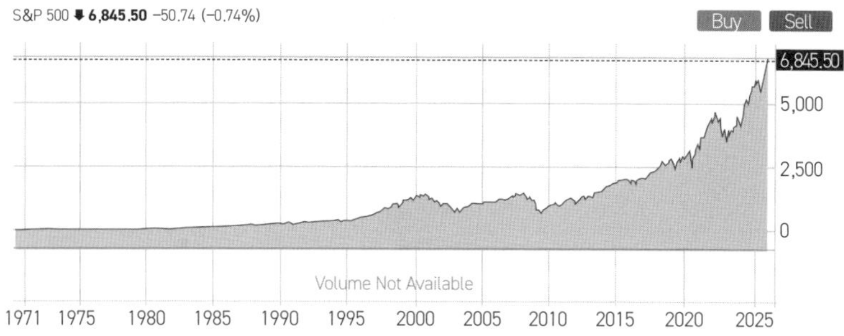

다. 원금을 회복한 건 매수 이후 7년이 넘은 2007년 5월 30일입니다. 이후 ETF를 계속 들고 있었다면 글로벌 금융위기의 타격으로 다시 한번 하락장에 빠지고 매수 이후 13년여 만인 2013년 4월 10일이 되어서야 원금을 회복했을 겁니다. 그동안의 물가 상승을 고려하면, 그때도 수익률은 사실상 '마이너스'였어요.

13년간 고난의 시간을 견딜 수 있는 투자자는 얼마나 될까요? 앞으로 일할 시간이 많은 청년층 중에서도, 인내심이 많은 경우라면 버틸지 모르겠습니다. 12년을 더 기다려 2025년 10월 8일 투자금이 4억 4천만원가량으로 불어난 모습을 보고 끝내 웃을 수도 있어요. 연평균 수익률로 따지면 6% 정도이고, 그 사이 받은 분배금까지 합하면 더 높네요.

하지만 당장 생활비가 필요한 고령의 은퇴자라면, 도중에 원금 손실을 감수하고 시장을 떠났을 가능성이 작지 않을 겁니다.

거치식이 두려우면 적립식이 무난해요

이런 거치식 투자의 위험 때문에 '적립식' 투자 전략도 고려해봐야 합니다. 가격이 오르든 내리든 상관없이 전체 투자금을 정기적으로 나눠 투자하는 방식이에요. 매번 동일한 금액을 투자하는 '정액분할투자'가 일반적입니다. 월마다 특정 ETF를 100만원어치씩 사는 식이죠.

정액분할투자를 하면, 주가가 하락할 때는 더 많은 수량을 매수하고, 상승장일 땐 적은 수량을 사게 됩니다. 이는 평균 매입가격을 시장 평균가격보다 낮게 만드는 효과가 있어요.

예를 들어볼까요. 2025년 1월부터 3월까지 매월 100만원씩 총 300만원을 투자한다고 가정하면, 1월 말 가격이 10만원일 때 10좌를, 2월말 5만원일 땐 20좌를, 3월말 10만원일 땐 10좌를 매수하게 됩니다.

결국 평균 매수가격이 약 7만 5천원으로 시장 평균가격(8만 3,300원)보다 낮아지는 거예요. 이때 보유 ETF 전체를 시장가(10만원)에

정액분할투자 사례		
	2025년	
	1월 말	2월 말	3월 말
가격	10만원	5만원	10만원
구매 수량	10좌	20좌	10좌
투자 금액	100만원	100만원	100만원

매도하면 수익률은 약 33%에 달합니다. 300만원을 투자해서 100만 원의 수익을 거둔 결과죠. 반면 1월 말에 거치식으로 300만원을 한 꺼번에 투자하고 3월 말에 다 팔아버렸다면 수익률은 0%입니다.

정액분할투자는 하락 후 상승하는 'V'자 패턴에서 효과가 가장 큽니다. 또한 가격이 크게 오르내릴수록, 오래 투자할수록 효과가 커져요. 다른 장점도 많습니다. 비교적 적은 돈만 있어도 투자할 수 있고, 감정에 휘둘려 투자하는 걸 막을 수 있어요.

나만의 '하이브리드' 방식을 만들어보세요

하지만 정액분할투자도 단점이 있습니다. 주가가 계속 오를 땐 거치식 투자보다 수익률이 낮을 수밖에 없어요. 주가가 상승 후 하락하는 '∧'자 패턴에선 불리합니다.

예를 들어 2025년 1월부터 3월까지 매월 말 ETF 가격이 '10만원 → 20만원 → 10만원'으로 변할 때, 100만원씩 정액분할투자를 하고 전액 매도하면 수익률은 '-16.7%'가 됩니다. 총 투자금 300만원이 250만원으로 줄어든 결과죠. 반면 1월말에 거치식으로 300만원을 한 번에 넣고 3월말 전액 매도했다면 수익률은 0%로 선방할 수 있어요.

결국 어떤 전략이 더 나은지는 경우에 따라 다릅니다. 투자자 각자의 생애주기나 투자 성향, 자금 사정, ETF 시황 등에 따라 자신만의 정답을 찾아보세요. 투자금이 적거나 초보 투자자라면 장기적 관점에서 정액분할투자부터 시작하는 게 좋습니다. 나중에 목돈이 생기고 투자 실력이 늘면, 그때 거치식 투자도 적절히 섞는 '하이브리드' 방식을 구사하는 것이 현실적이에요.

- 거치식은 저점을 잘 잡으면 유리하지만, 고점이면 장기 손실을 봐요.
- 정액분할투자는 일정 금액을 꾸준히 투자해 평균 매입가를 낮춰요.
- 초보자나 소액투자자는 정액분할로 시작해 점진적으로 늘려가세요.

국내상장 ETF(일반계좌), 세금 절약법이 있을까요?

투자 이익률을 극대화하려면, 세금 제도 역시 훤히 알고 있어야 해요.
ETF를 거래할 때 내는 세금은 사용 중인 국내 증권사 계좌 유형에 따라 달라집니다.
'일반계좌'와 세제혜택을 받는 '절세계좌'가 그것이죠.

타이밍을 잘 잡아 투자 수익률을 높이는 것뿐만 아니라, 투자 이익률을 극대화하는 것도 중요합니다. 아무리 수익률이 높더라도, 투자에 든 비용이 많으면 실제로 남는 이익은 줄어들기 때문이에요. ETF를 투자할 때 드는 대표적인 비용은 앞서 살펴봤던 '수수료'입니다.

투자 이익률을 극대화하려면 세금 제도 역시 훤히 알고 있어야 해요. ETF를 거래할 때 내는 세금은 사용 중인 국내 증권사 계좌 유형에 따라 달라집니다.

계좌의 종류는 크게 2가지로 나눕니다. '일반계좌'와 세제혜택을

절세계좌의 종류		
절세계좌	연금	연금저축계좌
		IRP
	비연금	ISA

받는 '절세계좌'가 그것이죠. 절세계좌는 다시 개인종합자산관리계좌(ISA), 연금저축계좌, 개인형퇴직연금계좌(IRP)로 나뉩니다. 정부는 ISA를 통해 국민의 자산 형성을 지원하고, 연금저축과 IRP를 통해서는 노후 자금 마련을 돕고 있어요.

무작정 절세계좌로 ETF에 투자하는 건 금물이에요. 정부가 세제 혜택을 주는 대신 일정 기간 돈을 뺄 수 없게 하기 때문입니다. 특히 연금저축계좌와 IRP는 최소 5년간 유지해야 하고, 55세 이상이 되어야 연금 형태로 인출할 수 있어요. 그래서 단기간에 돈을 써야 하는 투자자라면 절세계좌보다 일반계좌가 낫습니다.

일반계좌에서 매매차익 세금을 안 뗄 수 있어요

일반계좌에서도 세금을 아낄 방법이 있습니다. 국내 증시에 상장된 ETF를 기준으로 보죠. 국내 상장 ETF의 종류는 국내주식형(전체 자산의 60% 이상을 주식에 투자)과 기타 유형으로 나뉩니다. 이 가운데 국내주식형 ETF로 매매차익을 노리는 게 유리해요. 세금을 한

국내 상장 ETF 매매차익에 떼는 세금(일반계좌 기준)	
국내주식형	기타(해외주식·채권·원자재 등)
비과세	기본 배당소득세 15.4%

푼도 내지 않기 때문입니다. 예를 들어 코스피200 지수를 따르는 'KODEX 200'이나 'TIGER 200'을 팔아 100만원을 벌면 세금 없이 그대로 챙길 수 있어요.

반면 기타 ETF의 매매차익에는 세금을 내야 합니다. 기타 ETF에는 해외주식·채권·원자재 등을 기초로 하는 ETF가 포함되는데요, 여기서 매매차익을 남기면 기본적으로 배당소득세 명목으로 15.4%를 세금으로 내야 해요. 매매차익 세금인데도 세목이 배당소득세인 게 특이하죠. 예를 들어 미국 S&P500지수를 기초로 하는 국내 상장 ETF인 'TIGER 미국S&P500'에 투자해 100만원의 매매차익을 거뒀다면, 15만 4천원을 세금으로 떼고 84만 6천원을 받게 됩니다.

국내 상장 ETF 분배금엔 기본 15.4%를 떼요

분배금을 받을 땐 국내주식형이든 기타 ETF든 비슷하다고 이해하면 간편합니다. 기본적으로 분배금의 15.4%를 배당소득세로 떼요.

또한 국내 상장 ETF라면 어떤 유형이든 상관없이 매매차익과 분배금이 금융소득으로 분류된다는 점을 유의해야 합니다. 다른 배당

국내 상장 ETF 분배금에 떼는 세금(일반계좌 기준)	
국내주식형	기타(해외주식·채권·원자재 등)
기본 배당소득세 15.4%	기본 배당소득세 15.4%

소득이나 예금 이자 등과 합쳐 연간 2천만원을 넘으면 초과분이 근로·사업·연금 등 다른 소득과 합산되어 더 높은 세율이 부과될 수 있어요(금융소득 종합과세). 예를 들어 연간 금융소득이 2,500만원이라면 2천만원에 대해선 원천징수(15.4%)로 과세가 끝나지만, 초과분인 500만원은 최대 49.5%(지방소득세 포함)의 누진 세율이 적용될 수 있어요. 금융소득 종합과세 대상자가 되면 건강보험료 부담도 급격히 늘어날 수 있습니다.

- 절세계좌는 세제 혜택이 크지만 장기간 자금이 묶여요.
- 일반계좌에서 국내 상장 국내주식형 ETF 매매차익이 나면 비과세예요.
- 연간 금융소득이 2천만원을 넘으면 종합과세 대상이 돼요.

해외상장 ETF(일반계좌),
세금 절약하는 방법은 뭘까요?

시장에선 S&P500지수에 투자할 때 세금 측면에서 TIGER 미국S&P500 같은 국내 상장 ETF가 유리할지, SPY 같은 미국 상장 ETF가 유리할지 고민하는 투자자가 많아요. 정답은 "매매차익 규모에 따라 다르다"예요.

일반계좌에서 해외 증시에 상장된 ETF를 거래할 때는 좀 더 복잡해요. 우선 매매차익이 생기면 1년에 250만원까지는 세금을 매기지 않고, 초과분에만 양도소득세(지방소득세 포함) 22%가 붙어요. 매매차익을 포함한 금융소득이 2천만원을 넘어도 종합과세 대상에서 제외됩니다.

해외 상장 ETF를 통해 매매차익을 거둘 땐 '손익통산'이 적용됩니다. 1년간 해외 주식과 ETF를 사고팔아 얻은 이익과 손실을 합산해 순이익에만 세금을 매깁니다. 예를 들어 올해 S&P500 지수를 기초로 하는 SPY를 팔아 500만원을 벌고, 나스닥지수 추종 'QQQ'를

해외 상장 ETF 매매차익 세금(일반계좌 기준)	
250만원	비과세
250만원 초과분	양도소득세 22%(지방소득세 포함)

처분해 250만원의 손해를 봤다면 순이익이 250만원이에요. 이 금액은 전액 비과세 대상이라 세금은 0원이죠.

S&P500 ETF 매매차익 세금, 미국 '직투' vs 국내 상장

시장에선 S&P500지수에 투자할 때 세금 측면에서 TIGER 미국 S&P500 같은 국내 상장 ETF가 유리할지, SPY 같은 미국 상장 ETF가 유리할지 고민하는 투자자가 많아요. 정답은 "매매차익 규모에 따라 다르다"예요.

우선 매매차익 250만원까지는 세금이 없는 미국 '직투'가 유리합니다. 나아가 833만 3,333원까지도 미국 직투가 낫습니다. 250만원 초과분에 매기는 세율(22%)이 국내 상장 ETF(15.4%)보다 더 높지만, 250만원에 비과세하는 혜택의 효과가 더 크기 때문이에요. 예를 들어 S&P500 지수를 따라가는 미국 상장 ETF인 SPY로 800만원의 매매차익을 얻었다면, 250만원을 제외한 550만원에 대해 22%(121만원)를 세금으로 뗍니다. 반면 국내 상장 ETF인 TIGER 미국S&P500으로 같은 금액을 벌었다면, 일반적으로 800만원의

한·미 S&P500 ETF 매매차익 세금(일반계좌 기준)	
0~833만 3,333원	미국 '직투'가 국내 상장 ETF보다 유리
833만 3,333원 초과~2천만원 이하	국내 상장 ETF가 유리
다른 금융소득과 합쳐 2천만원 초과	미국 직투가 유리할 수도

15.4%(123만 2천원)를 세금으로 내죠. 즉 SPY보다 2만 2천원을 더 내는 거예요.

하지만 매매차익이 833만 3,333원을 넘는 순간부터 국내 상장 ETF가 유리해집니다. 미국 직투보다 세율이 낮은 효과가 본격적으로 작용하기 때문이죠.

다만 국내 상장 ETF의 매매차익과 다른 금융소득을 합친 금액이 2천만원을 넘으면 금융소득 종합과세 대상자가 됩니다. 이 경우 다시 미국 직투가 유리해질 수도 있으니, 개인별 상황에 따라 꼼꼼히 따져봐야 해요.

해외 상장 ETF 분배금에도 세금이 붙나요?

해외 상장 ETF의 분배금에도 세금이 붙어요. 기본 구조는 국내 상장 ETF와 비슷하다고 보면 됩니다. 해외 상장 ETF에서 분배금이 지급될 때는 상장된 국가와 한국 정부가 맺은 조세조약에 따른 세율로 현지에서 먼저 배당소득세를 원천징수하고, 그 뒤 투자자에게 지급

합니다. 예를 들어 미국 상장 ETF는 15%의 배당소득세를 뗀 뒤 지급됩니다.

한편 한국보다 배당소득세율이 낮은 국가에 상장된 ETF의 경우, 현지에서 조세조약에 따른 세율만큼 원천징수한 뒤 국내 배당소득세율(14%)과의 차액만큼 추가로 뗍니다. 예를 들어 중국 증시에 상장된 ETF는 현지 정부가 10%를 징수하고, 국내에서 배당소득세 4%와 지방소득세 0.4%를 가져갑니다. 투자자 입장에선 총 14.4% 세율이 적용되는 거예요.

또한 해외 상장 ETF의 분배금을 포함한 금융소득이 연간 2천만 원을 넘으면 종합과세 대상이 된다는 점을 주의해야 합니다.

- 일반계좌에서 해외 상장 ETF 매매차익이 나면 250만원까지 비과세예요.
- 250만원 초과분은 22% 과세돼요.
- 매매차익이 833만원 이하라면 미국 '직투'가 국내 상장 ETF보다 유리해요.

절세계좌 3총사,
간단한 공략법은 뭘까요?

절세계좌 3총사 가운데 하나만 선택해야 한다면 다음 원칙을 따르는 게 편합니다.
3~6년 안에 목돈을 마련하려면 ISA를 선택하는 게 좋고, 노후 대비가 목적이라면
연금저축이나 IRP를 선택하는 게 좋습니다.

장기 투자할 여건이 되는 투자자는 일반계좌뿐만 아니라 '절세계좌 3총사(연금저축·IRP·ISA)'도 함께 활용하는 게 좋습니다. 어떤 유형의 ETF에 주로 투자할지에 따라 접근법이 달라지는데요, 우선 SPY 같은 해외 상장 ETF는 절세계좌에서 살 수 없습니다.

또한 KODEX 200이나 TIGER 200처럼 국내 주식을 담은 국내 상장 ETF를 절세계좌에서 투자해 매매차익을 노린다면 실익이 없습니다. 일반계좌에서 투자해도 세금을 한 푼도 안 떼기 때문이죠. 오히려 절세계좌에서는 세금을 내야 할 수도 있습니다. 연금저축과 IRP의 경우 만 55세 이후 연금으로 받을 때 기본적으로 연금소득세

절세계좌 3종 개요			
	연금저축	IRP	ISA
가입 자격	국내 거주자	국내 거주자 중 소득이 있는 취업자 또는 퇴직금을 받은 자	국내 거주자 중 만 19세 이상(15~18세는 근로소득자), 다만 직전 3개년 중 1회 이상 금융소득 종합과세 대상자는 제외
의무 가입기간	5년	5년	3년
만기	만 55세까지 유지해야 세제 혜택	만 55세까지 유지해야 세제 혜택	5년(연장 가능)
편입 자산	보험, 펀드, ETF	예금, 펀드(국내 상장 ETF 포함), 파생결합증권, 채권 등	국내 주식(리츠 포함), 펀드(국내 상장 ETF 포함), 파생결합증권 등
자산 배분 비중	제한 없음	위험자산 70%까지 투자 가능	제한 없음
납입 한도	IRP와 합산해 연간 1,800만원	연금저축과 합산해 연간 1,800만원	연간 2천만원, 총 1억원(납입 한도 이월 가능)
세제 혜택	- IRP와 합산해 연간 납입금액 900만원까지 최고 16.5% 비율로 세액공제 - 연금 수령 시 연 인출 금액이 1,500만원 이하일 경우 연금소득세 저율·분리과세 (3~5.5%)	- 연금저축과 합산해 연간 납입금액 900만원까지 최고 16.5% 비율로 세액공제 - 연금 수령 시 연 인출 금액이 1,500만원 이하일 경우 연금소득세 저율·분리과세 (3~5.5%)	- 만기 시점 기준으로 순수익 최대 400만원까지 비과세 - 초과 수익은 9.9% 저율·분리과세 - 만기 후 IRP·연금저축으로 전환 시 그 금액의 10%(300만원 한도) 세액 공제
중도 인출	제한 없음	무주택자 주택 구입 등 일부 사유만 가능	제한 없음

*자료: 금융감독원·삼성증권

(3~5.5%)를 내야 합니다.

물론 국내 주식을 담은 국내 상장 ETF를 절세계좌에서 운용하며 받는 분배금에 대해서는 세제혜택을 기대할 수 있습니다. 그러나 세제혜택을 극대화할 수 있는 건 국내주식형이 아닌 국내채권형·해외주식형·해외채권형·원자재형 등 기타 ETF입니다. 매매차익과 분배금 모두에 대해 혜택을 누릴 수 있기 때문이에요.

이제 절세계좌별로 구체적인 세제 혜택을 비교해보죠. 기타 ETF 중에서는 국내 국고채 3년물을 기초로 하는 'KODEX 국고채3년' 혹은 'TIGER 국고채3년'을 예로 들어보겠습니다.

ISA는 200만원 수익까지 비과세

ISA는 기본적으로 매매차익과 분배금 등 수익금 200만원까지 비과세 혜택을 줍니다. 초과분에 대해선 9.9% 저율로 과세합니다(저율과세). 이때 다른 배당소득·이자와 분리해 과세하기 때문에 금융소득 종합과세 대상이 되는 것도 피할 수 있습니다(분리과세). 또한 기본적으로 가입 기간에는 세금을 떼지 않고 의무 가입기간(3년) 이후 해지할 때 한 번만 과세합니다(과세이연). 가입 기간에 떼지 않은 세금을 투자에 재투입할 수 있어 그만큼 수익률을 더 높일 수 있죠.

ISA는 전체 투자기간에 대한 손익통산 혜택도 제공합니다. ISA를 해지하고 60일 이내에 자금을 연금저축이나 IRP로 옮기면, 그

10%(최대 300만원)에 해당하는 금액으로 세액공제로 돌려받을 수 있습니다. 세액공제는 이미 낸 세금 중 일부를 환급받는 개념이에요.

납입 한도도 알아둘 필요가 있습니다. 우선 총 납입 한도는 1억원입니다. 다만 한 해에 납입할 수 있는 금액은 최대 2천만원으로 제한됩니다. 연간 한도를 다 채우지 못했다면 다음 해로 이월됩니다. 한번 납입한 금액은 이후 출금하더라도 한도가 복원되지 않으니 주의하세요.

또 ISA의 의무 가입기간(3년)을 채우기 전에 해지하면 그동안 받은 세제혜택을 모두 반납해야 합니다. 가입자는 계약기간을 만료일 전에 연장할 수 있습니다.

연금저축·IRP는 중간에 깨면 '벌금'이 있어요

연금저축·IRP는 계좌에 돈을 넣는 것만으로도 강력한 세액공제(기본 13.2%) 혜택을 줍니다. 연간 납입 한도는 두 계좌를 합쳐 1,800만원입니다. 다만 혜택이 적용되는 금액은 제한적입니다. 연금저축은 최대 600만원, IRP는 연금저축과 합산해 최대 900만원에 대해서만 세액공제를 받을 수 있습니다.

예를 들어 두 계좌에 연간 900만원을 넣으면 연말정산에서 세금을 118만 8천원을 돌려받습니다. ETF를 본격적으로 사기 전부터 13% 넘는 수익률을 거두는 셈이죠.

절세계좌 선택 기준	
장기 투자 불가능	일반계좌
국내주식형 ETF 매매차익만 겨냥	
해외증시 상장 ETF 투자	
3~6년 후에 목돈 마련	ISA
노후 대비	연금저축·IRP

ETF를 연금저축·IRP에서 운용하면 기본적으로 매매차익과 분배금에 대해 과세이연 혜택을 받습니다. 만 55세 이후(가입 기간 5년 이상) 연금으로 수령할 때는 연금소득세 명목으로 3.0~5.5% 세율로 저율과세합니다. 이때 분리과세 혜택도 적용됩니다.

하지만 의무 보유기간 도중에 인출하면 세액공제를 받은 납입 금액과 운용수익 전체에 대해 기타소득세 16.5%가 부과됩니다. 받은 혜택을 돌려주는 걸 넘어 벌금까지 내는 꼴이죠.

절세계좌 3총사 가운데 하나만 선택해야 한다면 다음 원칙을 따르는 게 편합니다. 3~6년 안에 목돈을 마련하려면 ISA를 선택하는 게 좋고, 노후 대비가 목적이라면 연금저축이나 IRP를 선택하는 게 좋습니다.

한국의 조세 제도는 세계에서 복잡하기로 유명합니다. 게다가 수시로 바뀌기 때문에 개인투자자가 따라가기는 쉽지 않죠. 전문가들도 혀를 내두를 정도입니다. 이런 환경에서 세제 전반을 속속들이 이해하려다간 '미로'에 빠져 시간과 에너지를 낭비하기 쉽습니다.

중요한 것은 투자해서 버는 수익보다 세금이나 수수료 같은 비용이 더 클 수는 없다는 점입니다. 결국 우량 자산을 기초로 한 ETF를 잘 고르고 장기 투자에 집중해 수익을 극대화하는 것이 우선입니다. 비용은 관리의 대상이지, 투자의 목적이 되어서는 안 됩니다.

- ISA는 200만원까지 비과세되고, 초과분은 9.9% 저율과세돼요.
- 연금저축·IRP는 납입하는 것만으로 세액공제 혜택을 줘요.
- 단, 중도해지하면 혜택을 돌려주는 걸 넘어 벌금까지 내야 해요.

"코스피200 ETF처럼 국내 시장을 그대로 담을 수도 있고,
배당·섹터·테마 ETF로 흐름을 나눠 담을 수도 있습니다.
기준을 알면, 국내 ETF 고르기는 훨씬 쉬워집니다."

6장

동학개미 출발선
: 국내 인기 ETF부터
시작하기

ETF가 너무 많은데
뭘 따져봐야 하나요?

수많은 ETF 중에서도 좋은 ETF를 고르는 방법은 간단합니다.
ETF의 규모와 비용은 물론 투자 바구니에 뭘 담고 있는지, 수익률은 얼마나 되는지 등을
꼼꼼하게 따진 후에 투자할 ETF를 결정하면 됩니다.

대형 마트나 시장에 가서 뭘 살지 고민해본 경험이 한 번쯤은 있을 겁니다. 정육 코너에 갈까, 생선 코너에 갈까? 오늘은 생선을 사기로 마음먹었다면 고등어를 살까, 삼치를 살까? 구이용이 좋을까, 조림용이 좋을까? 등등 진열된 상품이 워낙 다양해 구경만 하다가 1시간을 훌쩍 넘기곤 합니다. ETF 시장도 마찬가지입니다. 국내에 상장된 ETF 종목은 많고, 투자 대상도 주식, 채권, 원유와 금 등 원자재, 부동산까지 다양합니다. 어디에 투자할지 정했다고 해도 비슷한 콘셉트의 상품이 많아 갈피를 잡기 어렵습니다.

하지만 알고 보면 좋은 ETF를 고르는 방법은 간단합니다. ETF의

규모와 비용은 물론 투자 바구니에 뭘 담고 있는지, 수익률은 얼마나 되는지 등을 따져보면 됩니다.

규모(순자산)

ETF의 규모는 순자산을 말합니다. 사람으로 치면 덩치에 비유되죠. 얼마나 많은 사람이 투자하고 있는지, 얼마나 많은 돈이 유입되었는지를 나타냅니다. 규모가 크다는 것은 ETF의 거래량이 클 가능성이 크다는 의미로도 이어집니다.

거래량 역시 투자 자산을 볼 때 중요한 지표입니다. 거래량이 많으면 투자자 입장에서 내가 사고 싶을 때 사고, 팔고 싶을 때 팔 수 있기 때문입니다. 반대로 거래량이 적으면 원하는 시점에 안 팔릴 수 있습니다. 하루 거래량이 1천좌도 안 되는 이른바 '좀비 ETF'도 허다합니다. 더 많은 순자산과 거래량, 이것만으로도 ETF 상품에 대한 1차 관문을 통과했다는 뜻이기도 합니다.

비용(총보수)

투자자 입장에서는 ETF를 운용하는 대가로 자산운용사에 떼주는 비용, 즉 보수가 낮을수록 좋습니다. 투자금액이 같더라도 실제 수

국내 상장 ETF 순자산 상위 종목			
순위	ETF명	운용사	순자산(원)
1	TIGER 미국S&P500	미래에셋자산운용	11조 91억
2	KODEX200	삼성자산운용	10조 5,227억
3	KODEX CD금리액티브(합성)	삼성자산운용	8조 7,233억
4	KODEX 머니마켓액티브	삼성자산운용	8조 6,689억
5	TIGER 미국나스닥100	미래에셋자산운용	6조 7,466억
6	KODEX 미국S&P500	삼성자산운용	6조 2,320억
7	TIGER CD금리투자KIS(합성)	미래에셋자산운용	5조 1,006억
8	KODEX KOFR금리액티브(합성)	삼성자산운용	4조 3,402억
9	TIGER200	미래에셋자산운용	4조 961억
10	TIGER 미국테크TOP10 INDXX	미래에셋자산운용	4조 415억

※ 2025년 11월 6일 기준

자료: ETF체크

익률이 높아지기 때문입니다. 흔히 총보수는 1년 동안 투자자가 내야 하는 수수료의 합을 의미합니다. 총보수가 연 0.5%라면 이걸 365로 나눠 하루씩 ETF 가격에서 빠져나간 채 거래되는 겁니다.

그런데 이게 끝이 아닙니다. 회계 감사나 법률 자문을 받는 과정에서 발생하는 비용, 한국거래소에 납부하는 지수 사용료 등 '기타 비용'은 제외된 수치라는 게 함정입니다. 총보수에다 기타 비용까지 합친 '합성총보수(TER, Total Expense Ratio)'가 투자자가 부담해야 할 몫인 겁니다.

똑같은 기초자산을 따르는 ETF라고 해도 비용 차이는 꽤 큽니다. 예를 들어 미국 S&P500 지수를 따르는 국내 ETF의 총보수는 TIGER 0.01%, KODEX 0.01%, SOL 0.05% 순(2025년 10월 말 기준)입니다. 하지만 숨은 비용을 더한 합성총보수는 TIGER 0.07%, KODEX 0.08%, SOL 0.12%로 높아집니다. '기타 비용'이 총보수를 뛰어넘는 겁니다.

ETF에 단기로 투자할 때는 보수가 수익률에 미치는 영향이 크지 않습니다. 하지만 1년 이상 장기 투자하면 투자 비용이 누적되면서 보수가 수익률을 갉아먹습니다. 장기 투자자라면 ETF 보수를 꼭 따져봐야 합니다.

구성 종목

모든 ETF는 기초자산을 담고 있습니다. 여러 종목이나 자산을 하나의 바구니에 담은 거죠. 코스피200 지수를 따르는 ETF를 매수하면 삼성전자를 비롯해 SK하이닉스·LG에너지솔루션·현대차 등 지수를 구성하는 200개 종목 모두에 투자하는 것과 같은 효과가 있습니다.

우리가 집 앞 편의점에서 과자를 살 때도 성분표를 살펴봐야 하죠. 마찬가지로 ETF에 투자할 때도 구성 종목과 비중을 꼼꼼히 따져봐야 합니다. 특히 시장 지수를 따라가는 ETF보다 반도체·전기차 등 특정 분야 주식만 따로 담은 테마형 ETF를 고를 때는 더 눈여겨

2차전지 주요 ETF가 담은 상위 구성종목 비교			
TIGEF 2차전지테마		RISE 2차전지액티브	
종목명	비중(%)	종목명	비중(%)
LG에너지솔루션	15.71	포스코퓨처엠	10.43
LG화학	14.56	LG에너지솔루션	9.47
SK이노베이션	13.32	삼성SDI	9.29
포스코홀딩스	11.65	에코프로	9.15
삼성SDI	10.15	포스코홀딩스	8.09
포스코퓨처엠	8.67	SK이노베이션	7.41
에코프로비엠	7.24	에코프로비엠	6.50
에코프로	5.53	SKC	4.77
엘앤에프	2.20	에코프로머티	4.36
SKC	2.13	엘앤에프	4.27
에코프로머티	2.04	솔브레인	3.21
SK아이이테크놀로지	1.06	엔켐	2.86
엔켐	0.79	대주전자재료	2.71

※ 2025년 10월 말 기준

자료: 한국거래소

봐야 합니다. 테마는 같은데 수익률이 확연히 다른 경우가 있기 때문입니다.

2차전지 산업에 투자하는 ETF를 예로 들겠습니다. 2025년 들어 10월 말까지 수익률을 보면 'TIGER 2차전지테마'는 20.76%, 'KODEX 2차전지산업'은 19.31%, RISE 2차전지액티브는 14.05%

순입니다. 셋 다 구성 종목 상위를 보면 주가 성적이 좋았던 LG에너지솔루션·SK이노베이션 같은 대형주가 많았습니다. 차이점은 RISE 2차전지액티브에 주가가 부진했던 SKC·엔켐·대주전자재료 등이 적지 않았다는 점입니다. 이 경우 수익률이 상대적으로 저조할 수밖에 없습니다. 같은 테마형 ETF라도 구성 종목과 그 비중에 따라 성과 차이가 클 수 있다는 점을 반드시 명심해야 해요.

📊 수익률

ETF의 옥석을 가리는 마지막 방법은 수익률입니다. 간단하게는 비교지수(BM, Benchmark Index) 대비 얼마나 성과가 좋은지 비교해보는 것입니다. 단순히 수익률이 플러스냐 마이너스냐만 따지지 않고, 기준점이 되는 비교지수로 수익률을 따지는 겁니다. 수익률이 마이너스여도 비교지수보다 덜 내렸다면 선방했다고 평가할 수 있습니다.

특히 이 방법은 액티브 ETF를 살펴볼 때 꼭 필요한 작업입니다. 액티브 ETF는 특정 시장·업종·테마를 대표하는 지수를 그대로 추종하는 패시브 ETF와 달리 펀드매니저가 종목을 선택하고 비중을 조절해 운용합니다. 비교지수보다 높은 수익률을 목표로 하죠.

글로벌 AI산업에 집중적으로 투자하는 타임폴리오자산운용의 'TIME 글로벌AI인공지능액티브' 수익률은 최근 6개월 기준 89.5%,

1년 기준 81.28%(2025년 10월 17일 기준)입니다. 비교지수 대비 각각 44.8%p, 39.79%p의 초과 수익률을 달성한 겁니다. 즉 펀드매니저가 시장 평균보다 ETF를 잘 운용했다는 뜻입니다. 비교지수 대비 성과는 해당 ETF 운용사가 홈페이지에 올린 투자설명서를 참고하세요.

이것만은 꼭

- ETF는 덩치와 거래량이 중요해요. 순자산이 크면 유동성도 높아요.
- ETF의 보수와 기타 비용을 꼭 확인해야 해요. 장기 투자일수록 차이가 커져요.
- ETF의 구성종목과 수익률을 함께 봐야 해요. 같은 테마도 성과가 달라요.

한국 대표지수에 투자하는 ETF는 뭐가 있나요?

우리가 알아야 할 가장 기본적인 ETF 투자는 대표 주가지수 투자입니다.
주가지수 중에서도 대표성을 띤 주가지수를 흔히 대표지수라고 합니다.
한국 시장에서의 대표지수는 코스피200 같은 것입니다.

우선 국내 ETF 시장을 들여다보겠습니다. 가장 기본적인 ETF 투자는 대표 주가지수 투자입니다. 주가지수 중에서도 대표성을 띤 주가지수를 흔히 대표지수라고 합니다. 한국 시장에서는 코스피200 같은 것입니다. 이 지수를 보면 '오늘 주식시장은 어땠구나' 하고 알 수 있습니다.

대표지수 ETF는 개별 종목을 고르지 않아도 시장 평균에 투자할 수 있는 가장 단순한 방법입니다. 변동성은 있지만, 특정 기업 리스크에 휘둘릴 가능성은 상대적으로 낮습니다. 그래서 투자 경험이 많지 않은 동학개미에게도 출발선으로 적합합니다. 자, 그럼 국내 대표지수 ETF에 대해 좀 더 자세히 알아보죠(이하 수치는 2025년 11월 기준).

구관이 명관! 한국 대표지수

국내엔 크게 코스피(KOSPI)와 코스닥(KOSDAQ), 이렇게 2가지 시장이 있습니다. 코스피 시장이 원조 주식시장입니다. 1962년 채권시장이 주식시장으로 전환되면서 시작된 이 시장엔 한국의 대표적 기업들이 상장되어 있죠.

코스닥 시장은 마치 동생 같은 존재입니다. 벤처기업 중심의 미국 나스닥 시장을 본떠 1996년 만들었습니다. 대표지수로는 코스피200지수와 코스닥150지수가 있습니다. 코스피 800여개 상장 기업, 코스닥 1,800여개 상장 기업을 모두 담을 수 없어 우량주 위주로 고른 것입니다.

코스피200은 코스피 시장에 상장된 종목 중 대표 종목 200개를 뽑아내 산출합니다. 200개의 대표 종목을 뽑을 때는 어업·광업·제조업·전기가스업·건설업·서비스업·통신업·금융업 등 8개 산업군에서 고르게 선정합니다. 코스피200을 구성하는 상위 10개 종목은 삼성전자, SK하이닉스, LG에너지솔루션, 삼성바이오로직스, 두산에너빌리티, 현대차, 한화에어로스페이스, HD현대중공업, 기아, KB금

코스피200지수를 따르는 주요 국내 ETF				
ETF명	승수	순자산(원)	총보수(%)	합성총보수(%)
KODEX200	1배	10조 5,227억	0.15	0.16
TIGER200	1배	4조 961억	0.05	0.07
KODEX 레버리지	2배	3조 2,359억	0.64	0.65
KODEX 200선물인버스2X	-2배	1조 6,939억	0.64	0.67
KODEX 인버스	-1배	8,206억	0.64	0.66

※ 2025년 11월 6일 기준

자료: 한국거래소

융입니다.

코스피200지수를 기초자산으로 하는 대표적인 ETF는 KODEX200과 TIGER200입니다. 둘 다 코스피200의 등락률과 비슷한 수익을 내는 구조입니다.

KODEX200은 2002년 출시된 국내 최초의 ETF로, 코스피200을 따르는 상품 중 가장 규모가 크고 거래량이 많습니다. 순자산이 9조 9천억원에 달해 TIGER200(3조 6천억원)의 덩치를 크게 웃돌죠. 운용 보수는 TIGER200이 더 낮은데, 투자금의 연 0.07%(이하 합성총보수 기준)를 떼입니다. KODEX200의 운용 보수는 그 2배가 넘는 0.16%입니다. 삼성전자를 비롯한 상위 구성 종목은 같고, 수익률도 연초 이후 68% 정도로 비슷합니다.

코스닥 시장을 대표하는 코스닥150은 코스닥 중 시가총액이 큰 150개 기업을 추려 산출합니다. 알테오젠과 에코프로비엠, 에코프로, 레인보우로보틱스, 펩트론 등 바이오 업종과 2차전지 업종이 상위 종목에 올라 있습니다.

코스닥150을 따르는 ETF 중에선 KODEX 코스닥150이 가장 규모가 큽니다. 순자산이 1조 1,700억원입니다. 운용 보수는 0.28%로, TIGER 코스닥150·RISE 코스닥150(0.22%), ACE 코스닥150(0.06%)이 더 낮습니다.

미국 대표지수에 투자하는 ETF

세계 경제의 중심, 미국 시장에 투자하는 ETF들이 가장 많이 쓰는 지수는 다우존스30산업평균지수와 S&P500, 나스닥100, 이렇게 3가지입니다.

다우존스는 미국에서 가장 오래된 주가지수입니다. 월스트리트저널(WSJ) 창업자인 찰스 다우와 에드워드 존스가 1896년 만들었습니다. 뉴욕증권거래소(NYSE)에 상장된 종목 중 엔비디아, 애플, 마이크로소프트, 아마존닷컴, 월마트 등 안정적인 대표 종목 30개를 표본으로 산출하죠.

다우존스의 특징은 산출 방법에 있습니다. S&P500이나 나스닥은 각 종목의 시가총액(기업의 총 주식 가치) 가중을 평균해서 구합니다. 즉 시가총액이 높은 종목의 영향이 크게 반영되는 것입니다. 그런데 다우존스는 30종목의 주가를 평균해서 산출합니다. 시가총액이 작아도 1주당 주가가 높은 종목의 영향력이 큰 셈입니다. 우리나라로 치면 주당 9만원대인 삼성전자보다 110만원대인 삼성바이오로직스가 지수에 미치는 영향력이 훨씬 큰 것입니다.

그런데 1주당 주가가 기준이 된다니 뭔가 이상하죠? 게다가 30종목으로 구성된 지수가 시장 움직임을 제대로 반영하는지에 대한 의문도 존재합니다. 이런 점 때문에 S&P500에 미국 대표지수 자리를 조금씩 내주고 있습니다.

S&P500지수는 미국 주식시장을 가장 잘 대변해주는 대표지수입니다. 미국 신용평가 기관 스탠더드앤드푸어스(Standard&Poor's)가 NYSE와 나스닥 시장에 상장된 기업 중 500개를 선정해 기업 규모와 유동성, 산업성을 고려해 산출합니다. 국내 ETF 투자자가 미국에 투자할 때 가장 선호하는 지수이기도 합니다. 국내 주식시장에서도 S&P500에 투자할 수 있는 ETF가 여럿입니다. 가장 규모가 큰 것은 TIGER 미국S&P500으로, 순자산이 10조원이 넘습니다. S&P500에 속한 금융·경기소비재·헬스케어 등 업종별로 투자할 수 있는 상품도 있습니다.

나스닥100은 나스닥 시장에 상장된 종목 중에서 시가총액이 큰 100개의 비금융기업으로 이뤄진 지수입니다. 엔비디아·마이크로소프트·애플·메타·테슬라·마이크론테크놀로지 같은 빅테크 기업이 대거 포함되어 있죠. 규모가 가장 큰 건 TIGER 미국나스닥100(6조 2천억원)이고, 운용 보수는 ACE 미국나스닥100(합성총보수 0.09%)이 가장 쌉니다.

미국에 상장된 ETF와 다른 점은, 지수 하루 변동률의 3배에 베팅하는 '3배 레버리지' 상품이 없다는 것입니다. 국내에서는 해외 주식 ETF의 경우 레버리지 배율 2배 이내만 있습니다. 나스닥100 상승률의 2배만큼 수익이 나는 식입니다. 이건 국내 투자자 보호를 위한 조치로 이해하면 됩니다.

- 국내 대표지수 ETF는 시장 전체 흐름을 한눈에 담아요.
- 코스피200은 대형주 중심이고, 코스닥150은 성장주 중심이에요.
- 규모·보수·구성 차이를 살펴보고 국내 대표 ETF를 고르면 돼요.

반도체와 전기차에 투자하고 싶다고요?

국내 섹터형 ETF는 특정 산업군의 주가 흐름을 반영한 상품입니다.
한국거래소의 산업 분류 기준을 따르죠. 특정 산업에 투자하는 만큼 시장 대표지수보다
변동성이 높지만, 개별 종목보다는 주가 흐름이 안정적인 편입니다.

시장 대표지수를 좇는 ETF에서 한 걸음 나아간 섹터·테마형 ETF를 알아보겠습니다. '섹터형'은 반도체·자동차 등 특정 산업군의 지수에 수익률이 연동되는 ETF고, '테마형'은 자율주행이나 휴머노이드로봇같이 테마의 지수를 따르는 ETF입니다.

대표지수 ETF가 시장 전체의 흐름을 담는 투자라면, 섹터·테마형 ETF는 성장의 방향을 선택하는 투자입니다. 변동성은 커지지만, 산업 구조와 트렌드를 제대로 읽으면 수익 기회도 분명해집니다. 이제 시장 평균을 넘어, 반도체와 전기차처럼 미래를 이끄는 분야로 시선을 옮겨보겠습니다.

국내 섹터형 ETF는 특정 산업군의 주가 흐름을 반영한 상품입니다. 한국거래소의 산업 분류 기준을 따르죠. 특정 산업에 투자하는 만큼 시장 대표지수보다 변동성이 높지만, 개별 종목보다는 주가 흐름이 안정적인 편입니다.

예를 들어 바이오에 투자하고 싶지만, 개별 종목을 분석하기 어렵거나 위험을 분산하려는 투자자에게 적합합니다. 투자자가 관심이 많은 섹터 3가지를 골라 소개하겠습니다.

첫째는 반도체 ETF입니다. 반도체는 국내 총수출의 20%를 차지하는 주력 산업이자 국내 증시를 견인하는 핵심축입니다. 시가총액 상위 1·2위가 반도체 '투톱'인 삼성전자와 SK하이닉스일 정도입니다. 시야를 넓혀 전 세계를 봐도 반도체 전쟁이 한창이니 기본 지식은 알아야겠죠?

반도체는 메모리와 비(非)메모리로 나뉩니다. 메모리 반도체는 데이터를 저장하는 역할을 하고, 삼성전자와 SK하이닉스, 마이크론이 시장을 장악하고 있습니다. 비메모리는 연산·제어 등 정보를 처리하는 반도체로, 중앙처리장치(CPU)·그래픽처리장치(GPU)가 해당합니다. AI부터 자율주행차, 로봇, 사물인터넷, 드론 등 미래 산업 전반에 반도체가 쓰이기 때문에 두 분야 모두 전망이 밝습니다.

이럴 때 투자해야 하는 ETF는 무엇이 있을까요? 대표적으로 KODEX 반도체와 TIGER 반도체가 있습니다. 둘 다 한국거래소가 개발한 KRX 반도체 지수를 추종해 구성 종목이 같고, 수익률도 비슷합니다. KODEX 반도체에는 SK하이닉스와 삼성전자가 전체의 약 40%를 차지합니다. 그 외 고대역폭 메모리(HBM) 핵심 제조 장비를 공급하는 한미반도체, 반도체 검사 장비를 만드는 리노공업, 반도체 레이저 설비 제조업체인 이오테크닉스 등이 상위에 속해 있습니다.

투자 전략도 다양하게 구사할 수 있습니다. 투자 대상을 반도체 상위 종목으로 묶고 싶으면 'TIGER 반도체 TOP10', AI반도체 장비로 한정하려면 'KODEX AI반도체핵심장비' 등에 관심을 가져도 좋을 듯합니다. 당연히 레버리지, 인버스 ETF도 있습니다.

둘째는 자동차 ETF입니다. 자동차 역시 국내 수출과 주식시장의 핵심 버팀목입니다. 반세기 넘게 국내 산업의 주요 먹거리였죠. 중요한 것은 자동차 시장이 격변을 맞고 있다는 점입니다. 탄소 배출 등의 환경 문제가 세계적인 화두가 되면서, 자동차 산업의 무게 중심이 디젤·가솔린 같은 내연기관 차에서 전기차나 수소차로 넘어가는 것입니다. 여기에 자율주행차까지 부상하면서 글로벌 자동차 기업들의 기술 경쟁이 치열해지고 있습니다. 국내에선 현대차와 기아가 전기차와 수소 전기차 등 친환경차 시장에서 몸집을 키우고 있습니다.

이런 기업에 투자하는 ETF로는 'KODEX 자동차'가 대표적입니다. 순자산은 5,500억원, 합성총보수는 0.46%입니다. 현대차와 기아, 현대모비스 등 국내 완성차 기업에 전체 자산의 60%를 투자하고, 나머지는 한국타이어앤테크놀로지, HL만도, 현대위아, 금호타이어 등 자동차 부품을 만드는 회사에 투자하고 있습니다.

전기차와 수소차, 2차전지 등에 투자하는 'HANARO Fn 전기& 수소차'도 있습니다. 포스코퓨처엠, 현대차, 삼성SDI, 현대모비스 순으로 담고 있습니다. 'ACE 2차전지&친환경차액티브'는 이와 닮은 듯하면서도 다릅니다.

완성차 기업뿐 아니라 2차전지와 자율주행 등 친환경자동차 밸류체인(생산부터 유통까지 산업 전반의 구성)과 관련된 국내 주식에도 투자합니다. 자동차 ETF에 담겨 있을 것이라고 생각하기 힘든 고려아연, 삼성전기, LG유플러스도 포함되어 있습니다.

국내 기업이 아닌 중국 전기차 기업에 투자하는 상품도 있습니다.

자동차에 투자하는 주요 국내 ETF				
ETF명	운용사	순자산 (원)	총보수 (%)	합성총보수 (%)
KODEX 자동차	삼성자산운용	5,533억	0.45	0.46
SOL 자동차TOP3플러스	신한자산운용	962억	0.45	0.52
SOL 자동차소부장Fn	신한자산운용	89억	0.45	0.55
HANARO Fn전기&수소차	NH아문디자산운용	178억	0.45	0.52
ACE 2차전지&친환경차액티브	한국투자신탁운용	183억	0.29	0.36
TIGER 현대차그룹+펀더멘털	미래에셋자산운용	941억	0.15	0.20
TIGER 퓨처모빌리티액티브	미래에셋자산운용	141억	0.77	0.83
TIGER 차이나전기차SOLACTIVE	미래에셋자산운용	1조 7,691억	0.49	0.55

※ 2025년 11월 6일 기준

자료: 한국거래소

'TIGER 차이나전기차SOLACTIVE'입니다. 중국 1위 배터리 기업인 닝더스다이(CATL)와 중국 1위 전기차 업체 비야디(BYD)를 약 30% 담고 있습니다. 중국 전기차 시장이 성장할 것으로 예상하는 투자자에게 적합한 ETF입니다.

셋째는 바이오 ETF입니다. 바이오는 국내외에서 고성장할 것으로 기대되는 산업입니다. 인구 고령화와 만성질환 증가, 소득 증가가 동시에 진행중이기 때문입니다. 한국은 2025년 65세 이상 인구 비율이 전체 인구의 20%가 넘는 초고령 사회에 진입했습니다. 인구 대국인 중국도 고령화 속도가 빠릅니다. 2030년이면 초고령 사회가 될 전망입니다.

사람은 나이가 들면 이런저런 질병에 시달리고 약을 먹기 마련입니다. 자연스럽게 의약품 소비 증가로 이어지죠. 그런데 바이오 섹터는 신약 개발, 임상시험 등 변수가 많고 주가 변동성도 크기로 유명합니다. 개별 종목에 선뜻 투자하기 어려운 개인투자자들에게는 여러 종목에 분산 투자하는 바이오 ETF가 대안이 될 수 있습니다.

바이오에 투자하는 대표적인 ETF는 삼성액티브자산운용이 만든 'KoAct 바이오헬스케어액티브'가 있습니다. 바이오 외에도 의료·미용기기, 바이오테크 등 헬스케어 기업에 투자합니다. 에이비엘바이오, 알테오젠, 리가켐바이오 등의 비중이 약 30%입니다. 'TIME K바이오액티브'는 한국거래소가 만든 KRX 헬스케어지수를 따르는 데 비해, 'KODEX 바이오'는 금융정보업체 에프앤가이드의 바이오지수를 반영하는 것이 특징입니다.

📊 테마 ETF

테마형 ETF는 시장의 큰 흐름과 방향성은 확신하면서도, 개별 종목을 고르는 데 어려움을 겪을 때 유용합니다. 암호화폐가 뜨자 비트코인 ETF를 찾고, 전력 수요가 늘자 원전 ETF를 찾는 식입니다. 2025년은 방위산업(방산)과 우주산업 테마가 떴습니다. 미국 트럼프 정부의 정책 수혜를 받을 것으로 보여서죠. 아예 이들 테마를 묶어 '트럼프 테마'에 투자하라는 목소리도 많았습니다.

가장 관심이 큰 방산 분야를 살펴보겠습니다. 방산 시장은 세계 곳곳에서 거세지는 지정학적 갈등과 함께 성장하고 있습니다. 러시아-우크라이나 전쟁 여파로 글로벌 국방 지출이 급증했고, 도널드

방위산업에 투자하는 주요 국내 ETF				
ETF명	운용사	순자산 (원)	총보수 (%)	합성총보수 (%)
PLUS K방산	한화자산운용	1조1,687억	0.45	0.51
TIGER K방산&우주	미래에셋자산운용	2,532억	0.45	0.51
TIME 글로벌우주테크& 방산액티브	타임폴리오자산운용	2,352억	0.80	0.88
KODEX K방산TOP10	삼성자산운용	1,917억	0.45	0.47
SOL K방산	신한자산운용	920억	0.45	0.53
KODEX K방산TOP10레버리지	삼성자산운용	446억	0.64	0.64
PLUS 우주항공&UAM	한화자산운용	439억	0.45	0.53

※ 2025년 11월 6일 기준

자료: 한국거래소

트럼프 미국 대통령 취임 후 미국 우선주의 기조까지 세지며 전성기를 맞고 있습니다. 방산에 투자하는 ETF 중 덩치가 가장 큰 상품은 'PLUS K방산'입니다. 순자산이 1조원이 넘는 메가 ETF로, 한화오션, 현대로템, 한화에어로스페이스, 한국항공우주, LIG넥스원 등의 비중이 85%에 달합니다.

이밖에 'TIGER K방산&우주' 'TIME 글로벌우주테크&방산액티브' 'PLUS 우주항공&UAM' 등도 있습니다. 이들은 방산뿐 아니라 우주항공, 도심항공교통(UAM) 기업에도 투자합니다. 'TIGER K방산&우주'는 구성 종목이 11개로 적으면서 현대로템과 한국항공우주, 한화에어로스페이스, LIG넥스원 등 4종목 비중이 약 80%에 달합니다. 2025년 수익률만 150%(10월 말 기준)에 이릅니다. 'PLUS 우주항공&UAM'은 '방산 명가'인 한화자산운용이 만든 ETF인데 한화, 한화시스템, 한화에어로스페이스 등 한화그룹 계열사 비중이 34%에 달하는 것이 특징입니다. 'TIME 글로벌우주테크&방산액티브'는 미국과 유럽, 한국의 방산·우주산업 기업을 골라 투자하는 상품입니다. GE에어로스페이스, 크라토스(KTOS), RTX, 로켓랩 등을 담고 있습니다.

- 섹터·테마 ETF는 반도체·전기차 등 특정 산업의 흐름을 따라가요.
- 성장 산업에 집중 투자하지만 시장 전체보다 변동성이 커요.
- 산업 주기나 정책 변화에 따라 수익률 차이가 크게 날 수 있어요.

ETF에 투자해서
제2의 월급을 만든다고요?

경기는 불안한데, 월급은 안 오르고, 물가만 오르는 상황에서 꾸준히 배당을 받을 수 있어
투자자가 점점 몰리고 있습니다. 직장인은 제2의 월급을 마련하고,
은퇴자들은 노후 자금을 마련하는 루트로 활용하는 것입니다.

주식으로 수익을 내는 방법은 무엇이 있을까요? 흔히 주식을 사고팔아 얻은 시세차익이 전부라고 생각하는 투자자가 많습니다. 하지만 배당금을 받아 배당 수익을 얻는 방법도 있습니다. 배당 수익은 주가가 오를 땐 시세차익과 함께 두 마리 토끼를 잡을 수 있다는 매력이 있습니다. 주가가 내려갈 땐 힘든 시기를 버틸 수 있는 동력이 됩니다. 이런 주식을 배당주라고 합니다. 기업이 매달 또는 매 분기 주주에게 배당금을 주는 주식이죠.

경기는 불안한데, 월급은 안 오르고, 물가만 오르는 상황에서 꾸준히 배당을 받을 수 있어 배당주 투자자가 점점 몰리고 있습니다.

직장인은 제2의 월급을, 은퇴자들은 노후 자금을 마련하는 루트로 배당주를 활용하는 것입니다. 국내 ETF 중에서도 배당주에 투자하는 상품이 많습니다. (이하 수치는 2025년 11월 기준.)

고배당 ETF

고배당 ETF는 말 그대로 고배당주에 투자하는 ETF입니다. 배당금을 주가로 나눈 배당수익률이 연 3~4% 이상인 상품입니다. '고배당'이라는 이름이 붙은 ETF는 여럿이지만, 운용 전략은 저마다 다릅니다.

규모가 가장 큰 것은 'PLUS 고배당주'입니다. 순자산은 1조 6천억 원입니다. 코스피 상위 200종목 중 예상 배당률이 높은 30개 기업만 뽑아 담습니다. 현대차, 기아, 우리금융지주 등에 주로 투자하는데, 연 배당수익률이 4%대로 꽤 높습니다.

'RISE 고배당'은 배당률보단 배당 총액을 고려해 종목을 고르기 때문에 규모가 큰 삼성전자의 비중이 4분의 1에 달합니다. 그만큼 삼성전자 주가가 ETF 수익률에 미치는 영향이 크다는 의미입니다. 그 덕에 삼성전자 주가가 많이 오른 2025년에는 'RISE 고배당'의 주가 상승률이 50%로 'PLUS 고배당주(41%)'를 앞섰습니다. 'RISE 고배당'의 연 배당수익률은 3%대입니다. 'KODEX 고배당주'는 배당률이 높으면서 안정적인 기업 20곳을 담고 있습니다. DB손해보험,

<table>
<tr><th colspan="5">고배당주에 투자하는 주요 국내 ETF</th></tr>
<tr><th>ETF명</th><th>운용사</th><th>순자산
(원)</th><th>총보수
(%)</th><th>합성총보수
(%)</th></tr>
<tr><td>PLUS 고배당주</td><td>한화자산운용</td><td>1조6,700억</td><td>0.23</td><td>0.28</td></tr>
<tr><td>TIGER 은행고배당플러스
TOP10</td><td>미래에셋자산운용</td><td>6,974억</td><td>0.30</td><td>0.36</td></tr>
<tr><td>PLUS 고배당주채권혼합</td><td>한화자산운용</td><td>3,395억</td><td>0.20</td><td>0.25</td></tr>
<tr><td>KODEX 고배당주</td><td>삼성자산운용</td><td>2,953억</td><td>0.30</td><td>0.36</td></tr>
<tr><td>SOL 금융지주플러스고배당</td><td>신한자산운용</td><td>2,570억</td><td>0.30</td><td>0.36</td></tr>
<tr><td>RISE 고배당</td><td>KB자산운용</td><td>888억</td><td>0.20</td><td>0.26</td></tr>
</table>

※ 2025년 11월 6일 기준

자료: 한국거래소

우리금융지주, BNK금융지주, 삼성증권, SK텔레콤, LG유플러스 등 전통적인 배당주로 꼽히는 금융·통신주를 다수 담은 것이 특징입니다. 연 배당수익률은 4%대입니다.

배당성장 ETF

배당금을 꾸준히 늘리는 종목에 투자하는 배당성장 ETF도 있습니다. 연간 배당률은 3~4% 수준이지만, 주가가 오르더라도 배당금이 낮아지지 않고 꾸준히 높아지는 기업에 투자하는 상품입니다.

'KODEX 코리아배당성장'과 'TIGER 배당성장'은 코스피 시장에서 장기간 안정적 배당을 하고 배당 규모가 성장할 것이 예상되는 50개 종목을 담았습니다. 종목별 편입 비중이 5%로 제한되어 있기 때문에 특정 종목의 비중이 지나치게 커지는 것을 방지합니다.

'KoAct 배당성장액티브'는 5년 연속 배당을 한 기업 중 배당수익률이나 현금 흐름, 배당금 성장성 등을 평가해 주주환원 의지가 높은 기업을 골라 투자하는 상품입니다. 삼성전자 우선주와 SK하이닉스의 비중이 25%를 차지합니다.

'KODEX 배당가치'는 국내 시가총액 상위 500개 종목 중 배당성향(배당금÷순이익)이 높은 150개 기업에 투자합니다. 삼성전자, 현대차, KB금융을 비롯해 시가총액 규모가 큰 종목을 많이 담고 있어 코스피200 지수와 비슷한 흐름을 보이는 것이 특징입니다.

미국 배당 ETF

미국 배당성장주 ETF에 투자하는 방법도 국내에서 인기입니다. 국내 증시에 상장된 미국배당다우존스 ETF가 대표적입니다. 미국의 유명한 배당성장 ETF인 'Schwab US Dividend Equity ETF(SCHD)', 일명 '슈드'와 똑같은 전략으로 운용됩니다. 10년 연속 배당했고 매년 배당금도 늘리는 미국 우량 기업 100곳(다우존스 US배당100지수)에 투자하고 있죠. 투자 기업은 주로 코카콜라(소비)와 버라이즌(통신), 코노코필립스(원유), 알트리아(담배), 록히드마틴(방산)

등 배당 성향이 높은 가치주입니다.

국내엔 미래에셋자산·삼성자산·신한자산·한국투자신탁운용 등 4개 운용사가 '한국판(K) 슈드'를 운용하고 있습니다. 모두 똑같은 지수를 추종하기 때문에 배당수익률은 연 4% 정도로 비슷합니다. 미국 슈드는 분기별로 배당하는 반면, 한국판 슈드는 한 달에 한 번 배당금을 주는 것이 특징입니다. '제2의 월급'처럼 매달 따박따박 배당이 나오기 때문에 안정적인 현금 흐름을 만들 수 있는 투자처로 주목받고 있습니다.

- 배당 ETF는 주가 상승뿐 아니라 배당금으로 꾸준한 현금 흐름을 얻어요.
- 고배당 ETF는 수익률이 높지만 경기나 업종 변화에 민감해요.
- 배당성장 ETF는 배당금을 꾸준히 늘리는 기업에 투자해 장기 안정성을 높여요.

"미국 시장은 개별 종목보다 ETF가 먼저 보이는 시장입니다.
미국 시장엔 4천여 개의 ETF가 상장되어 있습니다.
흐름의 중심을 알면 해외 ETF 고르기도 복잡하지 않습니다."

7장

서학개미 되어볼까?
: 해외 메가 ETF 고르기

서학개미가 알아둬야 할 미국 대표 ETF는 뭔가요?

미국시장엔 4천여 개의 ETF가 상장되어 있습니다.
JP모간에 따르면 2025년 9월 기준으로 미국의 ETF 총 운용자산(AUM)은
12조 7천억달러, 우리 돈으로 1경 8천조원에 달하는 어마어마한 수치예요.

한때 '해외 직구'는 얼리어답터의 전유물이었습니다. 발 빠른 몇몇 소비자들이 국내에 아직 출시되지 않은 '신상'을 먼저 손에 넣거나, 수입 브랜드 상품을 더 싼 가격에 구하기 위해 해외 쇼핑사이트를 열심히 모험해야 했죠. 하지만 지금은 누구나 손쉽게 해외 직구를 합니다. 쿠팡이나 지마켓 같은 곳에서도 해외 직구를 간단히 할 수 있어요.

ETF도 마찬가지입니다. 발 빠른 투자자들은 KODEX, TIGER 같은 한국 증시에 상장된 ETF만으로 만족하지 않고 있어요. 미국 뉴욕 증시에 상장된 iShares, Vanguard 같은 브랜드의 해외 ETF를 '직

접 투자'하고 있죠. 서학개미들은 테슬라나 엔비디아 같은 개별 미국 주식만 사는 게 아니라 이제 자신이 원하는 해외 ETF를 골라 직투하고 있어요. 유통의 중간 단계를 생략하고 해외 상품을 직구하듯 말입니다.

해외 직구의 장점이 '더 많은 선택지, 합리적인 가격'이라면, 해외 직투의 장점은 '더 넓은 시장의 다양한 상품과 효율성'입니다. 물론 초심자는 선택지가 너무 넓으면 오히려 선택하기 어려워질 수도 있어요. 해외 상장 ETF의 이름이 낯설 수도 있고요. '꼭 해외 ETF 투자를 해야 할 이유가 있을까' 하는 의문이 생길 수도 있죠.

하지만 테슬라나 엔비디아, 애플 같은 미국 주식에 투자하려는 서학개미라면 해외 ETF, 특히 미국 증시에 상장된 ETF에 대해서는 알아둘 필요가 있어요. 선진 금융시장에서 만들어낸 선도적인 상품들이기 때문이죠. 해외 ETF 직투의 좋은 점은 무엇인지, 국내 ETF와 해외 ETF 중 나에게 더 유리한 선택은 무엇인지, 어떤 ETF를 꼭 알아둬야 할지 모두 차근차근 알아보죠.

미국 상장 ETF, 국내에서 거래할 수 있나요?

ETF는 한국이나 미국에만 있는 건 아닙니다. 영국에는 2천여 개의 ETF가 있고, 중국에는 900여 종, 일본에는 370여 개 ETF가 상장되어 있습니다. 하지만 가장 규모가 큰 건 역시 세계 최대의 시장이

자 ETF라는 상품을 처음 만들어낸 미국입니다. 미국 시장엔 4천여 개의 ETF가 상장되어 있습니다. JP모간에 따르면 2025년 9월 기준으로 미국의 ETF 총 운용자산(AUM)은 12조 7천억 달러, 우리 돈으로 1경 8천조원에 달하는 어마어마한 수치예요.

대부분의 미국 상장 ETF는 국내 증권사를 통해 누구든지 편하게 거래할 수 있습니다. 예를 들어 운용자산 1위 상품인 'Vanguard S&P500 ETF'를 매수하려면 증권사 MTS나 HTS에 이름을 검색해서 매수하면 되죠. 하지만 이름이 너무 길고 기억하기 어렵기 때문에 미국의 증권거래소나 투자자들은 짧은 코드인 '티커(Ticker)'를

미국 ETF 브랜드 TOP 10		
브랜드	운용사명	ETF 운용자산(달러)
iShares	Blackrock	3조 8,927억
Vanguard	Vanguard	3조 7,601억
SPDR	State Street	1조 8천억
Invesco	Invesco	7,960억
Schwab	Charles Schwab	4,817억
JPMorgan	JPMorgan Chase	2,639억
Dimensional	Dimensional	2,319억
First Trust	First Trust	1,823억
Fidelity	Fidelity	1,488억
VanEck	VanEck	1,193억

※ 2025년 11월 6일 기준

자료: etf.com.

주로 사용해요.

주식 종목이나 ETF 모두 티커를 가지고 있습니다. 예를 들어 '마이크로소프트(Microsoft)'의 티커는 MSFT라고 하죠. 위에서 언급한 'Vanguard S&P500 ETF'의 티커는 VOO입니다. 증권사 MTS나 HTS에서 간단하게 티커를 써서 원하는 ETF를 검색할 수 있어요.

미국 ETF 이름은 맨 앞에 브랜드명이 붙어있어요. 위에서 언급한 VOO의 경우, Vanguard가 브랜드명입니다. 브랜드명은 ETF를 운용하는 회사 이름과 같을 수도 있고, 별도 이름을 쓰기도 해요. 현대자동차가 제네시스란 브랜드를 만든 것과 비슷하죠. 미국은 ETF 종주국답게 수많은 브랜드가 있는데요, 그중에서도 가장 규모가 큰 메이저 브랜드들을 소개합니다.

미국에서 잘나가는 ETF브랜드가 궁금해요

먼저 미국 ETF의 양대 산맥, 가장 규모가 큰 두 회사는 iShares란 브랜드를 쓰는 블랙록(BlackRock), Vanguard란 브랜드를 쓰는 뱅가드(Vanguard)입니다. ETF 운용 규모 1, 2위 회사이고, 미국 ETF 시장의 60%를 양분하고 있어요. 두 회사 모두 낮은 비용을 앞세워 장기 투자할 수 있는 매머드급 ETF들을 보유하고 있죠. 차이가 있다면 iShares는 정말 다양한 ETF 라인업을 갖춘 백화점 같은 느낌이라면, Vanguard는 S&P500, 나스닥100 같은 지수(Index) 추종 ETF

위주로 소수정예 라인업을 갖추고 있어요.

양대 산맥에 이어 운용 규모 3위인 운용사는 SPDR이란 브랜드를 쓰는 스테이트스트리트(State Street)입니다. SPDR은 세계 최초의 ETF인 'SPDR S&P500'로 유명해요. 티커 SPY로 더 많이 알려진 바로 그 ETF입니다.

4위는 Invesco란 브랜드를 쓰는 인베스코(Invesco)입니다. 나스닥100 지수를 추종하는 'Invesco QQQ'로 유명하죠. 5위는 Schwab이란 브랜드를 쓰는 찰스 슈와브(Charles Schwab)입니다. 안정적인 배당 ETF가 강점인 회사로, 국내에도 인기가 높은 SCHD(슈드)가 바로 이 회사 상품이에요.

이 외에도 수많은 ETF 브랜드가 있어요. 미국 운용사들은 브랜드별로 상품의 특징이 뚜렷한 경우가 많습니다. 대표적인 상품들은 뒤에서 좀 더 자세히 알아보도록 할게요.

- 미국 ETF 시장은 세계 최대 규모로, 선택 가능한 상품이 4천 종이 넘어요.
- 미국 ETF의 대표 브랜드로 iShares, Vanguard, SPDR 등이 있어요.
- 미국 ETF는 낮은 보수와 다양한 지수 추종으로 글로벌 투자에 유리해요.

미국 ETF 직투의
좋은 점은 뭔가요?

ETF는 주식처럼 수시로 거래되는 상품이기 때문에 주식처럼 거래량이 중요해요.
ETF의 운용자산 규모가 크다는 건 그만큼 많은 사람들이 그 ETF를 보유하고 있으며,
거래가 자주 일어난다는 얘기인 거죠.

그렇다면 이런 미국 ETF 직투의 장점은 뭘까요? 앞에서 언급한 VOO를 예로 들어 설명해볼게요.

VOO는 미국의 대표적인 주가지수인 S&P500 지수의 등락을 그대로 따라 가격이 움직이는 ETF입니다. 한국에도 이와 똑같은 구조의 상품이 여럿 있어요. 그 중에서 가장 규모가 큰 것이 'TIGER 미국S&P500'입니다.

두 ETF는 구조가 같지만, 규모 차이가 큽니다. 자산 규모로 보면 VOO는 7,700억 달러(약 1,078조원), 'TIGER 미국S&P500'은 10조 원으로 100배의 차이가 납니다. ETF는 주식처럼 수시로 거래되는

상품이기 때문에 주식처럼 거래량이 중요해요. 운용자산 규모가 크다는 건 그만큼 많은 사람들이 보유하고 있고, 거래가 자주 일어난다는 얘기죠.

자산 규모가 크고 거래량도 많아요

규모가 크고 거래가 자주 일어나면 투자자에겐 뭐가 좋을까요? 우선 원하는 가격, 원하는 시점에 매매하기가 쉽죠. 사려는 사람, 팔려는 사람이 언제나 바글바글 하니까요. 거래가 아주 드문 종목의 경우, 나는 100달러에 사고 싶은데 105달러에 파는 사람밖에 없어서 거래가 잘 이뤄지지 않거나 비싸게 사야 하는 경우가 있어요. 하지만 대형 ETF에선 이럴 일이 거의 없습니다.

또한 규모가 크면 '규모의 경제' 효과로 운용 효율성이 높아지고, 그 덕에 운용사에 내야 할 보수와 각종 비용이 줄어드는 효과가 있습니다. 예컨대 VOO의 총보수는 0.03% 수준인데요, TIGER 상품의 총보수(TER)는 0.07%로 2배 넘게 비쌉니다. 얼핏 보면 미미한 숫자 같지만, 투자금이 커지고 장기 투자할수록 차이는 더 커질 수 있습니다.

ETF 규모가 크면 지수와의 괴리율이 적다는 것도 장점이에요. 앞서 얘기한 대로 VOO나 TIGER 상품 모두 S&P500 지수를 그대로 따라가도록 만들어졌는데요, 실제로는 변동 폭을 그대로 쫓아가지 못하는 경우가 많아요. 특히 규모가 작은 ETF일수록 자금의 유입 유출이 불안정해서 괴리율이 커지는 경우가 있죠.

비트코인을 담은 ETF에도 '직투' 할 수 있어요

규모뿐 아니라 다양성도 미국 ETF 직투의 장점입니다. 4천 종에 달하는 ETF 중엔 이런 것도 있어 싶은 상품도 많아요. 중국, 일본, 유럽, 인도 등 세계 각국 주식을 담은 ETF가 다양하게 출시되어 있어요. 예를 들어 유럽 시장에 투자하고 싶은 투자자도 미국에 상장된 관련 ETF를 사면 됩니다. 뿐만 아니라 국내에선 아직 허용되지 않은 비트코인, 알트코인 등 암호화폐를 담은 ETF도 미국 ETF로 직투가 가능하죠.

미국은 세계 금융의 중심지답게 ETF의 운용 전략도 다양해요. 월배당, 주배당 상품을 비롯해 새로운 커버드콜 같은 전략을 쓴 상품이 계속 나오고 있어요. 손실을 막아주는 안정성을 강조한 상품이 있는가 하면, 2~3배로 수익을 높일 수 있는 고위험 상품도 있죠. 레버리지 ETF의 경우 국내에선 2배까지만 허용되지만, 미국에는 레버리지를 3배까지 쓰는 ETF가 많아요. 하락 시에는 손실이 3배로 커지지만, 큰 수익을 노리는 국내 투자자들에게도 인기죠.

다만 환율이 변수가 될 수 있어요. VOO는 미국에 상장되어 있으니 달러로 사고팔게 되죠. 주식창에 표시되어 있는 VOO의 수익률도 물론 달러를 기준으로 합니다. 그런데 국내에 상장된 TIGER 미국S&P500은 가격이 원화로 표시되어 있고, 수익률도 원화를 기준으로 해요. 투자자는 원화로 사고팔게 되지만, 사실은 운용 과정에 달러로 환전하는 과정이 숨어 있습니다. 매일의 원달러 환율 변동이 수익률 안에 포함되어 있어요.

만약 S&P500 지수가 제자리에 머물러 있는데, 원달러 환율만 움직였다면 어떨까요? VOO에 투자했다면 S&P500 지수가 움직이지 않았으니 수익률은 0%에 가까울 겁니다. 하지만 TIGER 미국 S&P500에 투자했다면 환율에 따라 수익률이 변했을 거예요. 지수가 움직이지 않아도 환율이 달러당 1,300원에서 1,400원으로 변했다면, 플러스 수익률이 나게 되는 거죠.

실제로 VOO TIGER 미국S&P500은 똑같은 S&P500을 따라가는 ETF지만, 수익률에서는 꽤 큰 차이가 납니다. 2025년 11월 5일 기

미국상장 ETF vs 국내상장 미국ETF		
구분	미국상장 ETF	국내상장 미국 ETF
규모와 거래량	전 세계에서 거래. 규모와 거래량 모두 큰 경우가 많음	미국시장보다 거래 규모와 거래량이 적은 경우가 많음
수수료	총보수가 저렴한 편	상대적으로 수수료가 높은 편
투자 편의성	일반계좌에서만 투자 가능	일반계좌, 연금저축 및 IRP, ISA에서도 투자 가능
환전	달러로 사고팔기 때문에 환전 필요	원화로 사고팔며, 운용사가 환전을 대신함
괴리율	적은 편	미국과의 시차로 인해 커질 수 있음

준으로 VOO의 6개월 수익률은 20.96%인데, TIGER 미국S&P500
의 6개월 수익률은 24.54%였어요. 운용 보수나 기타 비용 등도 영
향을 미치지만 가장 큰 건 환율입니다.

원화가 달러보다 약세라 이 기간에 환율이 1,300원대에서 1,400
원대로 크게 올랐거든요. 이처럼 국내 상장 미국 ETF는 원달러 환
율이 수익률에 영향을 미친다는 점도 고려해야 합니다. 만약 환율을
신경 쓰고 싶지 않다면 앞에서 설명한 대로 상품명에 (H)라는 표시
가 붙어있는 '환헤지' 상품을 고르면 됩니다.

- 미국 ETF는 자산 규모와 거래량이 커서 유동성이 높고 거래가 쉬워요.
- 미국 ETF는 운용 효율이 높아 보수가 낮고, 지수를 더 정확히 추종해요.
- 미국 ETF는 달러 기준으로 거래되기 때문에 환율 변동이 수익률에 영
  향을 줘요.

서학개미라면 꼭 알아야 할
기본템이 있다고요?

"주식을 잘 모르면 SPY, QQQ 모아가세요." SPY를 모아가란 얘기는
어떤 개별 종목이 오르고 내릴지 판단하기는 어렵지만 미국 증시 전체는
우상향할 가능성이 높으니 500개 종목 전체에 투자하라는 얘기라고 할 수 있어요.

"주식 잘 모르면 SPY, QQQ 모아가세요."

인터넷 커뮤니티 등에는 이런 얘기가 자주 올라오죠. SPY나 QQQ 같은 ETF는 미국 증시의 대표적인 기초지수를 추종하는 상품입니다. S&P500 지수를 추종하는 SPY에는 미국 증시의 대형 종목 500개가 시가총액 비중에 따라 들어있어요. SPY에 투자하는 것만으로도 500개 종목에 투자하는 셈이죠. 즉 SPY를 모아가란 얘기는 어떤 개별 종목이 오르고 내릴지 판단하기는 어렵지만 미국 증시 전체는 우상향할 가능성이 높으니 500개 종목 전체에 투자하라는 얘기라고 할 수 있어요.

미국 증시에는 4천여 개의 수많은 ETF가 상장되어 있지만, 그 중에선 SPY처럼 투자자들에게 '기본템'으로 꼽히는 것들이 있습니다. 대체로 운용자산 규모도 크고, 가장 유명한 지수를 추종하는 패시브 ETF죠. 여기에서는 우리가 꼭 알아둬야 할 기본 ETF를 꼽아봤습니다.

미국 대형기업 전체를 매수: S&P500 추종 ETF

1957년 출범한 S&P500 지수는 미국을 대표하는 주가 지수입니다. 500개 대형 상장사를 시가총액에 따라 가중해서 포함시키죠. 미국 경제의 바로미터이자 세계에서 가장 중요한 벤치마크로도 꼽혀요. 그렇다 보니 이 지수를 그대로 쫓아가는 ETF도 많습니다. 똑같은 지수를 추종하기 때문에 수익률도 비슷해요. 대표적인 것으로 SPY, VOO, IVV, SPYM 같은 것이 있어요.

'SPDR S&P500(SPY)'은 가장 오래된 S&P500 ETF입니다. 역사가 긴 상품답게 거래량이 매우 많고 전 세계의 개인 및 기관투자가들이 많이 거래하는 상품입니다.

'Vanguard S&P500(VOO)' 'iShares Core S&P500(IVV)'은 미국의 양대 자산운용사의 상품이에요. 두 ETF 모두 규모가 매우 크고, SPY에 비해 낮은 운용보수를 장점으로 내세우고 있어요. 보수가 낮기 때문에 장기 투자자하기에 더 적합할 수 있습니다. 이에 질

세라 SPY를 만든 SPDR도 VOO나 IVV보다 더 보수가 낮은 'SPDR Portfolio S&P500(SPYM)'을 내놨어요.

SPY, VOO 등과 같이 S&P500 지수를 기초로 하지만 조금 다른 ETF도 소개해볼게요. RSP는 'Invesco S&P500 Equal Weight(RSP)'입니다. 이름에서 알 수 있듯이 'Equal weight(동일 가중)'이 특징인 상품이에요. S&P500 지수가 기본적으로 시가총액에 따라 가중하기 때문에 엔비디아, 애플, 마이크로소프트 같은 종목이 매우 큰 비중으로 포함되는데요, 동일가중은 500개 종목을 시가총액에 관계없이 모두 같은 비중(약 0.2%씩)으로 포함시킵니다. 상위 몇몇 종목에 더 많이 투자하고 싶다면 시가총액 가중을 선택할 수 있고, 대형종목 전체에 균일하게 투자하고 싶다면 동일가중을 선택할 수 있어요.

VOO, IVV, SPY, RSP				
티커	브랜드	상장일	순자산(AUM)	수수료(TER)
VOO	Vanguard	2010.9.7	7,965억 달러	0.03%
	가장 큰 규모의 S&P500 ETF. 저렴한 수수료가 강점			
IVV	iShares	2000.5.15	7,148억 달러	0.03%
	VOO와 마찬가지로 저렴한 수수료가 강점인 대형 ETF			
SPY	SPDR	1993.1.22	6,977억 달러	0.0945%
	가장 오래된 ETF. VOO나 IVV보다 거래가 더 활발			
RSP	Invesco	2003.4.24	719억 달러	0.2%
	S&P500의 500개 종목을 모두 동일 비중으로 담은 분산형 ETF			

※ 2025년 11월 6일 기준.

미국 기술 성장주에 집중 투자: 나스닥100 추종 ETF

나스닥에 상장된 비금융 대기업 100곳을 포함한 나스닥100 지수는 1985년에 출시되었습니다. S&P500이 다양한 분야를 커버하는 것과 달리 나스닥100은 훨씬 더 기술주 위주의 지수입니다. 엔비디아, 애플 등 대형기술주 비중이 훨씬 높죠. 미국의 대형 첨단기술 기업에 투자하고 싶다면 나스닥100이 가장 쉬운 선택입니다. 첨단 기술 개발은 성공했을 때 큰 이익을 얻을 수 있지만, 그만큼 실패 위험도 높죠. 그래서 기술주 위주인 나스닥100 지수는 S&P500에 비해 등락폭이 커요. 그만큼 나스닥100 추종 ETF는 더 공격적인 상품입니다.

대표적인 나스닥100 추종 ETF는 'Invesco QQQ(QQQ)'입니다. 1999년에 출시된 가장 오래되고 규모가 큰 나스닥100 ETF죠. Invesco는 운용보수를 더 낮춘 버전인 'Invesco Nasdaq100(QQQM)'도 2020년 출시했어요. 보수가 낮기 때문에 장기 투자를 한다면 더 적합할 수 있습니다.

QQQ, QQQM				
티커	브랜드	상장일	순자산(AUM)	수수료 (TER)
QQQ	Invesco	2010.9.7	4,068억달러	0.20%
	가장 규모가 큰 나스닥100 추종 ETF			
QQQM	Invesco	2020.10.13	680억달러	0.15%
	QQQ보다 주당 가격이 낮아 소액 투자가 가능. 수수료도 더 저렴			

시장 전체를 매수: 토털마켓 ETF

"건초더미에서 바늘을 찾지 말고, 그냥 건초더미를 사라."

뱅가드그룹 설립자 존 보글의 명언입니다. 특정 종목을 찾으려 애쓰기보다 주식 시장 전체를 담은 펀드나 ETF에 투자하라는 얘기죠. 존 보글이 세운 뱅가드에는 그의 뜻을 따라 주식 시장 전체를 사는 ETF가 있습니다. 이른바 '토털마켓 ETF'라 불립니다. 개별 종목은 등락폭이 너무 커서 투자하기 두렵지만, 증시 전체는 꾸준히 우상향할 것이라고 믿는다면 이런 ETF에 안정적으로 투자할 수 있습니다.

가장 유명한 토털마켓 ETF는 미국 시장 전체를 담는 'Vanguard Total Stock Market(VTI)'입니다. S&P500이 미국 대형주만 담고 있는 것과 달리, VTI는 3,500여개의 대형, 중형, 소형 주식을 커버합니다. 종목 수는 조금 다르지만, 'iShares S&P Total US Stock Market(ITOT)'도 비슷한 미국 토털마켓 ETF입니다.

VTI, ITOT, VT				
티커	브랜드	상장일	순자산(AUM)	수수료(TER)
VTI	Vanguard	2001.5.24	5568억달러	0.03%
	3,500여 개의 미국 대형,중형,소형 기업에 모두 투자하는 ETF			
ITOT	iShares	2004.1.20	794억달러	0.03%
	2,500여 개의 미국 기업에 투자. VTI에 비해 주당 가격이 낮아 소액 투자 가능			
VT	Vanguard	2008.6.24	569억달러	0.06%
	글로벌 1만여 개 종목에 투자. 전 세계 증시에 한꺼번에 투자 가능			

아예 전 세계 주식 시장에 한꺼번에 분산 투자하는 ETF도 있습니다. 'Vanguard Total World Stock(VT)'입니다. 미국, 일본, 중국, 영국, 대만, 캐나다, 호주 등 전 세계 증시의 1만여 개 종목이 포함되어 있는데, 한국 종목도 1% 정도 포함되어 있어요. 그야말로 ETF 하나로 전 세계 주식을 산다고 볼 수 있습니다. 물론 VT도 미국 시장 비중이 60% 이상으로 높기 때문에 수익률에서는 미국 시장의 성과가 절대적인 영향을 미칩니다.

일정 기간마다 규칙적으로 현금을 받다: 배당 ETF

주식은 배당금이 나오지만, ETF는 운용사가 투자한 주식에서 나오는 배당금을 모은 뒤 투자자들에게 나눠주기 때문에 '분배금'이라고 부릅니다. 여기서는 분배금에 초점을 맞춘 상품들을 '배당 ETF'라고 부르도록 하겠습니다.

국내 투자자에게 인기가 상당히 많은 배당 ETF는 'Schwab US Dividend Equity(SCHD)'가 첫 손에 꼽힙니다. '슈드'라는 이름으로 불리는 이 ETF는 단순히 배당금을 많이 주는 종목을 담은 게 아니라 배당을 꾸준히 증가시키는 '배당성장주'를 담습니다. 지난해에 배당금을 많이 줬지만 내년에도 많이 줄지 믿을 수 없는 기업에는 투자하지 않습니다. 최소 10년 연속으로 배당을 지급했고, 앞으로 배당금을 늘릴 수 있는 기업을 평가해 기준에 못 미치면 제외하고 기준에 맞는 기업을 새로 포함시키죠. 배당수익률은 3~4% 정도입니다.

SCHD보다 규모가 큰 배당성장 ETF도 있는데, 바로 'Vanguard Dividend Appreciation(VIG)'입니다. VIG도 10년 연속 배당을 지급한 배당성장주에 투자하는데, 기업 성장성에 좀더 초점을 맞춥니다. 그렇다 보니 안정적 배당 지급을 더 중요하게 여기는 SCHD가 애브비, 암젠, 코카콜라, 버라이즌 등 고배당주 위주로 포트폴리오를 구성하는 반면, VIG는 애플, 브로드컴, 마이크로소프트 등 기술주가 상당히 많이 들어있어요. 배당수익률은 1%대로 SCHD보다 낮은 편입니다.

배당 ETF 중에는 리츠(REITS, Real Estate Investment Trusts) ETF도 있습니다. 리츠는 투자자의 돈을 모아 부동산을 사고 거기서 나오는 임대 수익을 투자자에게 배당금 형태로 돌려주는 회사인데

SCHD, CIG, VNQ				
티커	브랜드	상장일	순자산(AUM)	수수료(TER)
SCHD	Schwab	2011.10.20	686억달러	0.06%
	대형주 중 배당지속성 있는 기업에 투자. 다우존스배당지수 추종			
VIG	Vanguard	2006.4.21	983억달러	0.05%
	10년 연속 배당 지급한 배당성장주 투자. S&P배당성장지수 추종			
VNQ	Vanguard	2004.9.23	336억달러	0.13%
	미국 부동산 기업(리츠)에 투자해 3~4% 배당을 지급하는 ETF			

요, 리츠 ETF를 사면 여러 부동산 회사에서 임대 수익을 받을 수 있게 되는 셈이죠. 가장 대표적인 리츠 ETF는 'Vanguard Real Estate(VNQ)'입니다. 미국의 오피스, 통신타워, 쇼핑센터, 물류창고 등에 투자하는 회사들을 담고 있는데, 배당수익률은 3~4% 수준입니다.

📊 계좌 방어력 높이는 채권에 투자: 채권 ETF

미국 채권은 '세계에서 가장 안전한 자산'으로 불립니다. 최고 강대국인 미국 정부가 수익 지급을 약속한 상품이기 때문인데요, 그래서 주식 시장이 불안해지면 채권 투자 수요가 늘게 되고, 채권 가격이 높아져 더 많은 수익을 낼 수 있죠. 이처럼 채권은 주식의 위험을 희석하는 용도로 활용되기도 하는데요, 문제는 개인투자자가 미국 채권을 쉽게 사고팔기가 어렵다는 것이죠. 채권 ETF는 이런 어려움 없이 주식 매매하듯 언제든 쉽게 사고팔 수 있습니다.

국내에서 가장 인기가 많은 미국채권 ETF는 'iShares 20+ Year Treasury Bond(TLT)'입니다. TLT는 만기까지 남은 기간이 평균 20년 이상인 장기 미국채를 담고 있어요. 일반적으로 장기채는 만기가 아직 멀었기 때문에 단기채보다 가격 변동성이 큽니다. 단기채보다 위험하지만 기대 수익률이 더 높죠.

단기채는 만기가 곧 돌아오기 때문에 가격이 크게 흔들리지 않

대표적인 미국 단기채 ETF				
티커	브랜드	상장일	순자산(AUM)	수수료(TER)
TLT	iShares	2002.7.22	493억달러	0.15%
	만기 20년 이상 미국 장기채에 투자. 기대수익률 높지만 변동성이 큼			
BIL	SPDR	2007.5.25	422억달러	0.135%
	만기 1~3개월의 초단기 미국채에 투자하는 파킹형 ETF			
SGOV	iShares	2020.5.26	596억달러	0.09%
	만기 3개월 이하 초단기 미국채에 투자. 매우 안정적인 파킹형 ETF			

습니다. 매우 안정적이지만 수익성도 낮은 편이죠. 연간 수익률이 3~4% 정도입니다. 주식 시장이 위험할 때 도피처로 활용하거나 투자 대기자금을 거치시키는 용도로 사용하기 때문에 '파킹(Parking)형' ETF라고도 불립니다. 대표적인 단기채 ETF로는 만기가 1~3개월 남은 미국단기채에 투자하는 'SPDR Bloomberg 1-3 Month T-Bill(BIL)', 0~3개월 남은 미국단기채에 투자하는 'iShares 0-3 Month Treasury Bond(SGOV)' 등이 있습니다.

- 미국 ETF의 기본템은 SPY·QQQ·VTI·SCHD예요.
- 미국 ETF는 시장 전체·기술주·배당·채권 등 용도별로 나뉘죠.
- 미국 ETF는 장기 투자·분산 투자 기본기로 활용하기에 좋아요.

TQQQ, SOXL
: 서학개미에게 인기 높은 ETF의 정체

다시 한번 강조하고 싶은 건 레버리지 ETF는 오를 때까지 버틸 수 없다는 것입니다.
계속 상승할 때엔 큰 수익을 낼 수 있지만, 일단 크게 하락하고 나면
원상복구를 하기가 너무 어렵기 때문이죠.

서학개미가 해외 ETF에 입문하면, 이상하게도 가장 먼저 눈에 들어오는 건 S&P500 같은 '정석'이 아닙니다. 오히려 TQQQ, SOXL처럼 이름부터 강해 보이는 레버리지 ETF가 검색 상단을 차지하죠. 수익률 그래프가 화려하고, "적은 돈으로 크게 벌 수 있다"는 직관이 강하게 작동하기 때문입니다.

서학개미가 특히 많이 매수하는 대표 ETF들의 정체를 자세히 살펴보겠습니다. 동시에 암호화폐 ETF, 커버드콜 ETF처럼 이름은 비슷해도 성격이 전혀 다른 상품들도 함께 정리해보겠습니다. 결국 핵

심은 하나입니다. ETF는 '티커'가 아니라 '구조'를 보고 고르는 상품
이라는 사실입니다.

📊 야수의 심장으로 노리는 2배, 3배 수익: 레버리지 ETF

미국에는 최대 3배까지 레버리지를 활용하는 ETF가 다수 상장되
어 있습니다. 국내 투자자의 미국 ETF 매수 상위 종목의 대부분을
이런 레버리지 ETF가 차지할 정도로 인기가 많습니다. 적은 투자금
으로도 3배의 수익을 얻을 수 있다는 점이 한국 투자자들에겐 매력
적이기 때문이죠. 하지만 자칫하면 손실 역시 3배라는 점을 잊어서
는 안 됩니다.

레버리지 ETF의 대표격인 'ProShares UltraPro QQQ(TQQQ)'
는 나스닥100 지수를 추종하는 QQQ의 3배 레버리지 상품입니
다. 나스닥100이 1% 오르내릴 때, 3% 오르내리도록 설계되었다
는 의미죠. 3배의 변동성이 부담스럽다면, 2배 레버리지를 적용한
'ProShares Ultra QQQ(QLD)'도 있습니다.

미국의 반도체 기업에 투자하는 레버리지 ETF도 간 큰 서학개미
들의 직투 리스트에서 자주 볼 수 있는 종목이죠. 바로 'Direxion
Daily Semiconductor Bull 3x Shares(SOXL)'죠. SOXL은 뉴욕증
권거래소 반도체지수를 3배로 추종하는데요, 이 지수에는 AMD, 브
로드컴, 엔비디아, 퀼컴, 인텔 같은 미국의 대표적 반도체 기업들이

포함되어 있습니다. AI 기술주가 급등할 때 가장 상승폭이 크지만, 기술주가 떨어지면 급락하는 위험이 있죠.

수익 극대화를 선호하는 모험적인 투자자들은 채권 투자도 레버리지 ETF를 선택합니다. 앞에서 살펴본 미국 장기채 ETF인 TLT의 3배 레버리지 상품인 'Direxion Daily 20+ Year Treasury Bull 3x Shares(TMF)'입니다.

뿐만 아니라 미국에는 다양한 레버리지 상품이 상장되어 있어요. 엔비디아 개별 종목의 주가를 2배로 추종하는 'GraniteShares 2x Long NVDA(NVDL)', 테슬라를 2배로 추종하는 'Direxion Daily TSLA Bull 2x Shares(TSLL)' 같은 상품도 있죠. 심지어 비트코인을 2배로 추종하는 '2x Bitcoin Strategy(BITX)'에 투자하는 겁 없는 서학개미도 적지 않습니다.

TQQQ, QLD, SOXL, TMF				
티커	브랜드	상장일	순자산(AUM)	수수료(TER)
TQQQ	ProShares	2010.2.9	297억달러	0.97%
	나스닥100 지수 성과를 3배로 추종하는 ETF			
QLD	ProShares	2006.6.19	106억달러	0.98%
	나스닥100 지수 성과를 2배로 추종하는 ETF			
SOXL	Direxion	2010.3.11	134억달러	0.89%
	미국 반도체 기업 50곳이 포함된 반도체지수 성과를 3배로 추종하는 ETF			
TMF	Direxion	2009.4.16	43억달러	0.99%
	만기 20년 이상 미국 장기채 변동성을 3배로 추종하는 ETF			

다시 한번 강조하고 싶은 건 레버리지 ETF는 오를 때까지 버틸 수 없다는 것입니다. 계속 상승할 때엔 큰 수익을 낼 수 있지만, 일단 크게 하락하고 나면 원상복구를 하기가 너무 어렵기 때문이죠.

예를 들어 나스닥100을 추종하는 QQQ의 주가가 10만원이었는데, 20% 떨어졌다가 다시 20% 올랐다고 가정해봅시다. 3배로 오르내리는 TQQQ는 같은 상황에서 60% 떨어졌다가 60% 오르게 되겠죠. 주가는 이렇게 변합니다.

QQQ: 10만원 → 8만원(-20%) → 9.6만원(+20%)

TQQQ: 10만원 → 4만원(-60%) → 6.4만원(+60%)

이처럼 레버리지 ETF는 폭락 이후 회복이 어렵다는 점을 꼭 알아둬야겠습니다.

📊 비트코인, 이더리움 등에 투자: 암호화폐 ETF

국내에는 암호화폐를 활용한 ETF가 아직 허용되지 않고 있지만, 미국은 비트코인, 이더리움 등의 암호화폐 현물 ETF가 출시되어 있습니다. 암호화폐는 가상자산거래소에서 24시간 거래되고 있지만, 많은 투자자들이 증권계좌를 통해 ETF로 암호화폐를 간편하게 투자하고 있어요.

비트코인 현물 ETF로는 'iShares Bitcoin Trust ETF(IBIT)'가 가장 대표적인데요, 아직까지 국내 증권사에서는 이 상품을 살 수 없

대표적인 비트코인 현물 ETF				
티커	브랜드	상장일	순자산(AUM)	수수료(TER)
BITO	ProShares	2021.10.18	27억달러	0.95%
	비트코인을 직접 보유하지 않고 선물에 투자하는 ETF. 국내 매수 가능			
ETHU	Volatility Shares	2024.6.3	26억달러	2.67%
	이더리움 선물 변동성의 2배를 추종하는 레버리지 ETF. 국내 매수 가능			

습니다. 국내 증권사가 비트코인 현물 ETF를 중개하는 건 자본시장법 위반일 수 있다는 금융위원회 해석 때문입니다. 결국 국내 투자자가 암호화폐 ETF에 투자하려면 현물이 아닌 선물 ETF만 가능합니다.

비트코인 선물 ETF는 'ProShares Bitcoin(BITO)'가 대표적입니다. 비트코인 선물 2배 레버리지 상품인 BITX, BITU도 국내 투자자가 거래할 수 있죠.

이더리움도 현물 ETF인 'iShares Etherium Trust(ETHA)'는 국내 투자자가 거래할 수 없습니다. 선물 ETF인 'ProShares Ether(EETH)'를 대체재로 거래해야 하죠. 또는 선물 2배 레버리지 ETF인 '2X Ether(ETHU)' 등을 거래할 수 있습니다.

배당 극대화로 노리는 '제2의 월급': 커버드콜 ETF

커버드콜(Covered Call)은 주식을 보유하면서 일정 수익(옵션 프리미엄)을 미리 얻는 대신, 큰 상승 기회를 포기하는 전략입니다. 이런 전략을 ETF에 처음 쓴 곳이 미국인만큼, 미국 증시에는 다양한 커버드콜 ETF가 상장되어 있습니다. 커버드콜 ETF는 주가 상승에 제한이 있지만, 옵션 프리미엄을 투자자들에게 나눠주기 때문에 높은 배당금을 얻을 수 있어요. 특히 대부분 커버드콜 ETF는 매달 배당을 나눠주는 경우가 많아요. 매달 현금이 필요한 투자자, 특히 은퇴자에게 잘 어울리는 상품입니다.

커버드콜 ETF 중에서 가장 규모가 크고 국내 투자자에게 인기 높은 것이 JP모간의 'JPMorgan Equity Premium Income(JEPI)'입니다. 미국 S&P500에 해당하는 대형주를 담는 액티브 ETF로 월배당을 줍니다. 연 배당수익률이 7~8%인 고배당 상품이죠.

그 다음으로 규모가 큰 상품은 'JPMorgan Nasdaq Equity

JEPI, JEPQ				
티커	브랜드	상장일	순자산(AUM)	수수료(TER)
JEPI	JPMorgan	2020.5.20	400억달러	0.35%
JEPI	미국 주식에 투자하며 커버드콜 전략으로 연 8%대 배당을 주는 액티브ETF			
JEPQ	JPMorgan	2022.5.3	310억달러	0.35%
JEPQ	나스닥100 종목에 투자하며 커버드콜 전략으로 연 9~10%대 배당을 주는 액티브ETF			

Premium Income(JEPQ)'입니다. JEPI가 S&P500을 기초지수로 한다면, JEPQ는 나스닥100을 기초지수로 해요. 마찬가지로 나스닥100의 기술주를 주로 담는 액티브 ETF이고, 월배당을 줍니다. 연 배당수익률은 10% 정도로 높습니다.

매달 현금이 필요한 투자자라면 배당수익률이 높은 JEPQ가 JEPI보다 무조건 좋을까요? 꼭 그런 건 아닙니다. JEPQ는 기본적으로 기술주 위주인 나스닥100을 기초지수로 하기 때문에 변동성이 매우 큽니다. 하락장에서는 JEPI보다 훨씬 크게 떨어지죠. 물론 기술주가 폭등할 때엔 JEPQ가 강한 모습을 보이죠. 안정성과 기대수익률 중 어느 것을 더 우선하느냐에 따라 선택은 달라질 수 있습니다.

- SPY·QQQ·VTI 같은 ETF는 미국 시장을 대표하는 '기본템'이에요.
- 지수 추종형 ETF는 개별 종목 대신 시장 전체에 분산 투자할 수 있어요.
- 성장주·배당주·채권 등 목적별 ETF를 고르면 포트폴리오가 단단해져요.

“ETF에 투자해 낮은 수수료와 분산 투자로 안정성을 챙기고,
월배당·TR ETF로 생활비와 복리 수익을 함께 만들 수 있어요.
은퇴 뒤에도 월급처럼 돈이 꼬박꼬박 들어오면 든든하겠죠.”

8장

은퇴 준비까지 든든한
미래 포트폴리오

은퇴가 코앞인데,
ETF만으로 준비할 수 있나요?

ETF도 정기적으로 리밸런싱을 해줘야 합니다. 예컨대 1년에 한 번, 6개월에 한 번처럼 기간을 정해두고 움직여야 합니다. 주식형 ETF의 경우 주가가 내려간다고 조급하게 바로 매도하지 말고 루틴을 이어가는 것이 좋습니다.

요즘 젊은층의 희망이 '파이어족(Financial Independence+Retire Early)'이라고 하죠. 일찌감치 충분한 자산을 모아서 30~40대에 은퇴한 후 남은 생을 즐겁게 사는 사람들을 뜻합니다. 은퇴를 앞둔 중장년층의 희망도 사실 같습니다. 파이어족이 될 수 있다면 당장에라도 은퇴하고 '하고 싶은 일' '즐거운 일'을 하며 살고 싶죠.

중요한 건 '충분한 자산을 모아서' 은퇴한다는 점입니다. 한국에서 은퇴는 만 60세가 기점입니다. 출생연도에 따라서 만 60~65세에 국민연금을 받기 시작하죠. 하지만 국민연금만으로 은퇴 이후 즐겁게 생활하기는 힘듭니다.

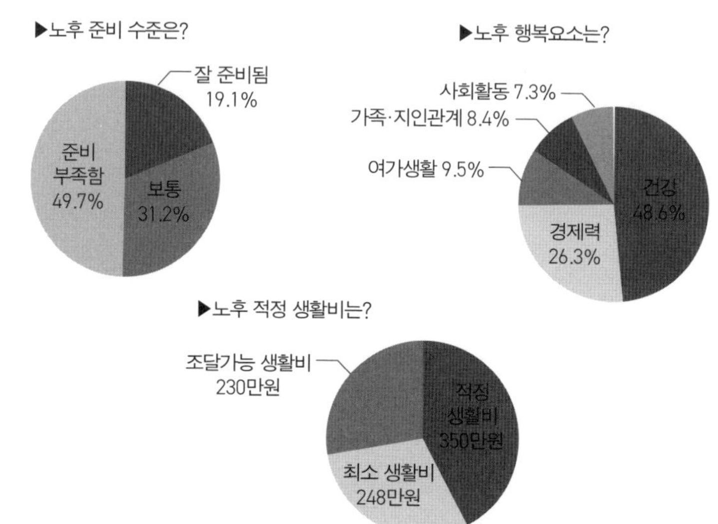

한 조사에 따르면 '노후 준비가 잘 되어 있다'고 답한 응답자는 전체(25세 이상, 3,000명)의 19.1%에 불과했습니다. 조사 대상자들은 적정 노후 생활비를 월 350만원이라고 봤고, 최소 생활비로 월 248만원은 있어야 한다고 응답했습니다('2025 KB골든라이프 보고서'). 가입 시기와 기간, 연금 수령 시점에 따라서 다르지만, 국민연금으로 한 달에 받는 돈이 평균 70만원도 안 된다는 점을 고려하면 별도의 준비 없이는 은퇴 후 생활이 힘들어지겠죠.

은퇴 이후 마음 편하게 생활하려면 충분한 자산을 모아놓거나 노후 생활비가 나올 통로를 만들어놔야 합니다. ETF도 그 통로 중 하나가 될 수 있습니다.

은퇴 후 안정적으로 생활하려면 목돈을 까먹기보다 월급처럼 매월 일정 소득이 있어야 마음이 편하겠죠. 이론적으로 10억원의 현금이 있으면 매월 350만원씩 23년을 쓸 수 있습니다. 하지만 불안합니다. '23년 후에는 어떻게 하나, 물가도 오르고 그 사이 목돈이 필요하게 되면 어쩌나' 같은 걱정부터 자녀에게 물려줄 자산이 남지 않는다는 점도 탐탁지 않습니다.

가장 좋은 방법은 원금은 지키면서 매월 생활비로 쓸 소득이 생기는 것이죠. 투자 성과에 따라 매월 배당을 받을 수 있는 펀드나 신탁, 주가연계증권(ELS) 등 금융 상품은 많습니다. 그중에서 ETF는 은퇴를 대비하기에 좀 더 적합합니다.

먼저 안정성이 돋보입니다. 높은 수익률을 좇다가 원금을 잃으면 이전보다 복구가 힘듭니다. 은퇴 전처럼 고정 수익이 있는 것도 아니고, 시간적 여유도 없습니다. ETF는 분산 투자라는 장점이 있습니다. 앞서 여러 번 설명했지만, ETF는 한 종목이 아니라 여러 종목이나 지수에 투자하는 상품입니다. 한 종목이 훅 떨어져도 다른 종목이 수익을 낸다면 전체적인 수익률을 유지할 수 있습니다. 위험성이 낮다는 거죠.

예를 들어보죠. 국내 주식형 ETF인 'TIGER 코스피'를 보죠. 이 ETF는 코스피를 추종하는 상품으로, 미래에셋자산운용은 '대한민국 코스피 상장 기업 전체에 대한 분산 투자 효과'를 기대할 수 있다고 설명합니다. 그럴 법도 한 것이, 현재 삼성전자에 24%, SK하이닉스에 16%를 투자했고, 두산에너빌리티, KB금융, 현대차, 한화에어로스페이스, 네이버, 신한지주, 기아, 셀트리온 등에 분산 투자했습니다.

은퇴 후 생활비 마련이 목적이라면 아무래도 배당이 높은 편이 매력적이겠죠. TIGER 코스피의 경우 지난 1년 수익률은 40%지만, 배당률은 1.5% 수준이네요. 수익률은 높지만 낮은 배당률이 아쉽다면 고배당주 ETF를 눈여겨볼 만합니다. 국내 ETF의 평균 연 배당률은 3.5~4.5% 수준입니다.

다른 금융상품보다 수수료가 낮아요

낮은 수수료도 매력입니다. '수수료 얼마나 한다고 수익률에 영향이 있겠어?'라고 안이하게 생각하는 건 아니겠죠. 장기 투자시 수수료는 실제 수익률에 상당한 영향을 줄 수 있습니다. 반드시 배당률, 수익률과 함께 고려해야 할 요소입니다.

그럼 수수료가 수익률에 얼마나 영향을 미치는지 따져보죠. 운용 보수가 0.2%일 때와 0.05%일 때를 비교해볼게요. 투자금이 1천만

운용보수가 0.2%일 때와 0.05%일 때 비교				
투자금	운용보수 0.2%	운용보수 0.05%	1년 투자	10년 투자
1천만원	2만원	5천원	1만5천원	34만원
1억원	20만원	5만원	15만원	340만원

원이라면 각각 2만원, 5천원입니다. 단순히 비교하면 1만 5천원 차이지만, 10년간 투자하면 어떨까요? 1천만원을 10년간 투자(연 7%)한다면 운용보수가 0.2%일 때는 1,933만원을 손에 쥐지만 0.05%일 때는 1,967만원이 됩니다. 1만 5천원의 차이가 34만원 차이로 벌어지는 거죠. 투자금이 커질수록 이 차이도 벌어지겠죠.

ETF는 비슷한 성격의 다른 금융상품보다 수수료가 낮은 편입니다. 배당형 펀드의 운용보수는 평균 0.5~0.8% 수준이랍니다. ETF는 이보다 낮습니다. 해외 배당형 ETF 평균 수수료는 0.5% 이하 수준이고, 국내 상품은 더 쌉니다. 0.3%를 넘는 경우가 거의 없는데 최근에는 0.1% 이하인 상품도 많습니다. 수수료 비교는 ETF 공식 사이트를 활용하면 됩니다. 개별 증권사 앱에서도 운용보수나 총보수, 추종 지수 등 자세한 정보를 확인할 수 있습니다.

참고로 운용보수 외에도 추적 오차(지수와 실제 수익률의 차이), 스프레드(매수·매도 호가 차이), 환전 수수료 등도 고려해주면 좋겠죠. 스프레드는 거래량이 많을수록 작고, 환전수수료는 해외 ETF 매수 시 따져보면 됩니다.

바로 현금화할 수 있는 것도 장점이죠. 주식처럼 사고파는 상품이라 목돈이 필요할 때 언제든 원하는 만큼만 팔아서 바로 현금을 만들 수 있습니다.

여기에 한 가지 더, 복리 효과도 있습니다. 오랜 시간 투자하면 시장 성장률에 따라서 복리 효과를 누릴 수 있죠. 예를 들어보죠. 현재 55세인데 5년 후 은퇴입니다. 초기 투자금 5천만원, 월 50만원씩 투자했을 때 5년간 얼마나 수익을 낼 수 있을까요? 연평균 6%의 수익만 내도 2,800만원의 추가 수익을 얻을 수 있습니다. 초기 투자금 5천만원에 5년간 월 50만원씩 투자하면 원금이 8천만원이죠. 하지만 복리의 마법으로 1억 800만원을 만들 수 있다는 얘기입니다.

단, ETF도 정기적으로 리밸런싱을 해줘야 합니다. 예컨대 1년에 한 번, 6개월에 한 번처럼 기간을 정해두고 움직여야 합니다. 주식형 ETF의 경우 주가가 내려간다고 조급하게 바로 매도하지 말고 루틴을 이어가는 것이 좋습니다. IRP나 연금저축 같은 연금계좌로 ETF를 사면 세금 혜택을 누릴 수 있다는 건 앞에서 충분히 설명했죠. 연간 최대 900만원까지 세액공제 혜택을 받을 수 있습니다.

- ETF는 분산 투자와 낮은 수수료 덕분에 은퇴 준비용 자산으로 적합해요.
- 배당·월지급형 ETF를 활용하면 원금은 지키면서 생활비 흐름을 만들 수 있어요.
- 장기 복리와 정기 리밸런싱으로 안정적 노후 수익을 이어갈 수 있어요.

ETF 투자하면 은퇴 뒤에 월급처럼 쓸 수 있을까요?

월배당 ETF는 월급처럼 매월 수익을 얻을 수 있으니 노후 생활비로 활용하면 딱 좋겠죠.
물론 투자 원금 손실 위험도 있지만, 대개 월 배당 ETF는 배당이 중심이라
안정적으로 운용되기 때문에 위험성이 크지 않답니다.

자, 여기 시가 30억원인 아파트를 보유하고 있는 은퇴자가 있습니다. 적잖은 자산이 있지만, 풍족하지 못합니다. 아파트를 팔아서 현금화하기 전에는 '쓸 돈'이 없습니다.

그럼 그 은퇴자가 10억원을 현금으로 보유하고 있다면 어떨까요? 그래도 풍족한 삶을 살기 쉽지 않습니다. 고정 수익이 없기 때문이죠. 가지고 있는 돈을 쓰다 보면 언젠가 바닥날 수 있다는 불안감을 떨치기 힘들거든요.

배당형 ETF는 이런 고민을 덜 수 있는 상품입니다. 특히 월배당 ETF는 월급처럼 매월 수익을 얻을 수 있으니 노후 생활비로 활용하

면 딱 좋겠죠. 물론 투자 원금 손실 위험도 있지만, 대개 월 배당 ETF
는 배당이 중심이라 안정적으로 운용되기 때문에 위험성이 크지 않
답니다.

월급처럼 따박따박 소득을 만들 수 있어요

앞서 설명했듯 ETF는 여러 가지 종목을 담고 있는 바구니 같은
상품이죠. 월배당 ETF는 고배당주, 리츠, 채권 등 배당수익이 있고
변동성이 크지 않은 종목을 주로 담습니다. '배당을 많이 받으려면
ETF 말고 그냥 고배당 주식에 투자해도 되지 않나?'라고 생각할 수
있습니다. 하지만 월배당 ETF를 활용하면 분산 투자로 안정성을 꾀
할 수 있다는 장점이 있죠.

일반적인 ETF가 일년에 1~2회 배당을 한다면 월배당 ETF는 매
월 지급합니다. 월급같이 활용할 수 있겠죠. 미국 월배당 ETF의 경
우 달러가 기준이기 때문에 원·달러 환율 변동에 따라 수익이 달라
질 수 있다는 점을 잊지 않아야 하겠습니다.

최근에 가장 인기 있는 월배당 ETF는 JEPI(JP Morgan Asset
Management)입니다. 이 상품은 최근 연 6~8%라는 안정적 배당 수
익을 내고 있는데, 여기에 2억원을 투자한다고 가정해볼게요. 먼저
환율을 따져야 합니다. 1달러를 1,400원이라고 가정했을 때 투자금
은 14만 2,857달러가 됩니다. 최근 JEPI 배당률 8.3%를 적용하고 미

국 배당소득세(15%)를 고려하면 배당률은 7.055%가 됩니다. 연간 1만 80달러, 즉 1,411만원을 배당 받게 되는 거죠. 매월 118만원꼴입니다. 만약 환율이 오르면 원화 기준으로 실제 수령하는 배당금은 늘어나겠죠.

월배당 수익률을 높이는 법이 있을까요?

월배당 ETF도 한 가지 상품에만 가입할 필요는 없습니다. 고배당, 리츠, 채권 등에 골고루 투자하면 안정성을 보다 더 높일 수 있겠죠.

포트폴리오를 한번 짜보죠. 먼저 40% 정도 해외 고배당주인 JEPI에 넣습니다. 배당률은 연 6~8% 정도입니다. 최근 연 11~13%의 높은 배당률을 기록하고 있는 해외 배당형 ETF인 RYLD(Global X Russell 2000 Covered Call ETF)에 30%를 투자합니다.

이 상품은 미국 소형주 지수인 러셀 2000 지수(Russell 2000

4개 ETF에 1억 원 투자 예시			
ETF명	구분	투자비중	평균 배당률
JEPI	위험	40%	연 6~8%
RYLD	위험	30%	연 11~13%
KODEX 미국배당프리미엄	안정	20%	연 5~6%
ACE 미국30년국채액티브	안정	10%	연 2~3%

Index) 구성주에 투자하면서 커버드콜 전략을 병행하는 상품입니다. 자, 그럼 70%가 공격적인 운영을 하는 고배당 상품이니 나머지 30%는 안정적으로 운용하는 상품에 넣어보죠. 'ACE 미국 30년 국채 액티브(배당률 연 2~3%), 'KODEX 미국배당프리미엄'(배당률 연 5~6%) 같은 상품이 되겠죠.

자, 이 구성대로 1억원을 투자한다면 예상 배당금은 월 55만~60만원 수준입니다(표 참조).

물론 '고배당=고위험'일 수 있다는 점을 잊지 말아야 합니다. 최근 고배당 상품이었어도 배당금 추이와 순자산 가치(NAV)를 살펴봐야 합니다. 줄어들고 있다면 다시 한번 검토해야겠죠. 총 수익률도 꼭 확인해야 합니다. 월배당 ETF의 수익은 결국 배당과 가격 변동을 합쳐서 따져봐야 합니다.

- 월배당 ETF는 매월 배당금을 받아 은퇴 뒤에도 꾸준한 현금 흐름을 만들어요.
- JEPI처럼 안정적 배당 ETF는 연 6~8% 수준의 월급형 수익을 기대할 수 있어요.
- 고배당·리츠·채권형 ETF를 함께 담으면 수익과 안정성을 동시에 챙길 수 있어요.

매월 배당도 좋지만,
자산도 불리고 싶어요

배당형 ETF를 통해 매월 현금을 배당 받으면
매번 배당소득세(15.4%)를 내야 한다는 겁니다.
별거 아닌 것 같은 수수료가 수익률에 영향을 주듯 세금도 수익률에 영향을 준답니다

배당형 ETF로 월급 같은 고정 수익을 얻을 수 있다는 점은 충분히 이해하셨을 겁니다. 그런데 은퇴는 했지만, 자산을 불리는 데 집중하고 싶을 수도 있죠. 토털리턴(TR·Total Return) ETF가 있습니다. 해당 ETF가 담고 있는 종목의 주가 상승뿐 아니라 배당·이자·옵션 수익 등 모든 수익을 반영합니다. 일정 시기마다 지급되는 배당금은 ETF 내에서 자동 재투자됩니다. 투자 원금은 불어나고 복리효과는 커지겠죠. 당장 현금이 필요하기보다 장기 수익을 극대화하려는 장기 투자자에게 유리한 방식입니다.

그럼 매월 배당금을 받았을 때와 재투자했을 때 얼마나 차이가 나

TR ETF vs 월배당 ETF, 뭐가 다를까?		
구분	TR ETF	월배당 ETF
배당 시기	배당금을 ETF 내 자동 재투자	매월 현금 배당
현금 흐름	현금 수령 없음	매월 현금 수령해, 생활비 등으로 바로 쓸 수 있음
복리 효과	자동 재투자로 복리 효과 극대화	배당 재투자 시 기대
투자 목적	장기 성장형, 복리 투자	매월 현금 흐름 확보
수익 구조	주가 상승+배당 포함 총수익	주가 상승+옵션 프리미엄 (커버드콜)+배당금

는지 알아볼까요. 투자금 2억원을 5년간 투자했다고 가정해볼게요. 매월 현금으로 배당금을 받은 경우 배당률 연 6%를 기준으로 5년 후 원금과 배당금을 합해 2억 6천만원을 손에 쥘 수 있습니다. 배당금을 재투자하는 TR이라면 2억 6,760만원이 남아 있습니다. 760만원 차이가 나죠. 배당률이 7%로 높아지면 이 차이는 1,060만원, 배당률이 8%면 1,380만원으로 벌어집니다. 물론 투자 기간이 길어진다면 차이는 더 벌어지겠죠.

한 가지 알아둬야 할 것이 있습니다. 배당형 ETF를 통해 매월 현금을 배당 받으면 매번 배당소득세(15.4%)를 내야 한다는 겁니다. 별거 아닌 것 같은 수수료가 수익률에 영향을 주듯 세금도 수익률에 영향을 준답니다.

TR은 매번 발생하는 배당금을 다시 투자하는 형태이기 때문에 배당소득세는 최종 매도 시점에 냅니다. 간단하게 예를 들어볼까요.

배당형 ETF로 매월 10만원의 배당금을 받는다고 하죠. 배당을 받을 때마다 자동으로 배당소득세(15.4%) 15,400원을 내야 하기 때문에 실제 수령액은 84,600원입니다. 총 수령액은 1,015,200원이 되겠죠.

매월 10만원의 배당금을 받는 토탈리턴 ETF를 1년 만에 팔았을 때는 어떨까요. 매월 세금을 낸 배당형 ETF와 달리 한꺼번에 세금을 내는데 총 세금은 1,015,200원으로 같습니다. 다만 배당형 ETF라면 이미 냈어야 할 세금 184,200원이 계속 재투자되면서 복리 효과를 누릴 수 있죠. 이를 세금 이연 효과라고 합니다.

다만 한 가지는 알아둬야 합니다. TR의 경우 배당금 재투자가 누적 수익에 반영되기 때문에 배당형 ETF보다 장기 성과가 좋게 보일 수 있습니다.

- 토털리턴(TR) ETF는 배당금을 재투자해 복리로 자산을 불려줘요.
- 배당 재투자만으로도 수년 후엔 현금 수령형보다 수익 차이가 커져요.
- 다만 매월 현금 배당을 받으면 배당소득세로 수익이 줄 수 있어요.

임대수익 vs ETF 수익,
꼼꼼하게 비교해보자

2억원을 배당형 ETF에 넣으면 어떨까요? 국내 대표 배당형 ETF의 평균 연 배당률은 3.5~4.5% 수준입니다. 배당률이 4%인 ETF에 2억 4천만원을 투자했다고 하죠. 연 배당금은 960만원, 월 80만원을 받을 수 있습니다.

사실 은퇴 후 생활비를 마련하는 방법은 여러 가지가 있습니다. 국민연금을 비롯해 퇴직연금, 개인연금, 주택연금 등 각종 연금도 많습니다. 그 중에서 한국인이 가장 선호하는 방식은 부동산을 세놓고 임대수익을 받는 방식입니다. "조물주 위에 건물주"라는 말이 있죠. 매월 따박따박 안정적인 수익을 얻는다는 부러움이 담긴 말입니다. 투자 목적이 임대수익인 부동산을 아예 '수익형 부동산'이라고 부르기도 합니다. 상가, 오피스텔 등이 대표적이죠.

그렇다면 임대수익으로 은퇴 후 삶을 준비하는 가장 큰 이유는 무엇일까요? 자산 가치 상승에 대한 기대 때문입니다. 간단히 살펴보죠. 2억원짜리 오피스텔을 사서 매월 80만원(보증금 1천만원)을 받는다고 가정해볼게요. 세입자에게 받은 월 80만원을 모으지 않고 써버려도 내 원금 2억원, 즉 오피스텔은 굳건하게 남아 있습니다. 임대수익 외에 시세차익을 얻거나 자녀들에게 오피스텔을 유산으로 남길 수도 있습니다.

그렇다면 실제 부동산 임대 수익률은 어떨까요? 한국부동산원에 따르면 2025년 7월 말 기준 서울 오피스텔 평균 임대수익률은 4.95%입니다. 원룸이라 불리는 다세대·다가구 주택도 이와 비슷한 수준입니다.

부동산 세입자를 구하는 데 속 썩는다고요?

오피스텔 같은 부동산을 사서 매월 꾸준히 임대수익을 얻으면서 팔 때 시세차익까지 기대할 수 있다는 점은 분명 매력입니다. 그런데 오피스텔이나 원룸 같은 소형 주거시설은 임대차 계약 기간이 평균 1년 단위입니다. 1년마다 세입자가 바뀔 수 있다는 거죠. 그때마다 거래에 따른 부동산 중개수수료를 내야 하고, 새 세입자가 원하면 도배나 장판, 붙박이 가전이나 보일러 등 수리비도 나갈 수 있습니다. 더 큰 문제는 새 세입자를 바로 구하지 못하면 공실이 생길 수 있다는 점입니다.

여기에 다주택 중과세 부담도 있습니다. 본인이 거주하는 주택에

오피스텔 임대수익률, 얼마나 될까 (단위:%)								
구분	2025년 1월	2월	3월	4월	5월	6월	7월	8월	9월
전국	5.47	5.49	5.51	5.53	5.54	5.55	5.57	5.59	5.6
서울	4.9	4.91	4.92	4.93	4.94	4.94	4.95	4.96	4.97

자료:한국부동산원

세 놓는 주택까지 보유한다면 각종 세금이 커집니다.

그럼 주택 수에 포함되지 않고 계약 기간도 5년으로 긴 상가는 어떨까요? 소형 주거시설보다 계약 기간은 길지만, 세입자를 구하기 더 까다롭습니다. 업종을 따져야 하고, 권리금 문제도 있거든요. 세입자끼리 주고받는 권리금은 엄밀히 상가 주인이 관여할 문제는 아니지만, 이 권리금 때문에 새 세입자를 구하는 데 지장이 있을 수 있습니다. 이전 세입자가 높은 권리금을 내걸면 임대료와 상관없이 새 세입자를 들이기 힘들겠죠.

수익률도 1%대로 떨어집니다. 2025년 2분기 기준 전국 평균 상가 소득수익률(임대료 대비 연간 수익률)을 보면, 평균 1% 수준입니다. 집합상가가 0.97%, 중대형 상가 0.8%, 소규모 상가는 0.72%입니다. 단순하게 계산하면 1억원을 투자했을 때 연간 80만~100만원의 수익을 얻는다는 거죠. 서울로 지역을 좁혀도 소득수익률은 연 1.2~1.6% 수준에 불과합니다. 즉 1억원을 투자해서 월 10만원의 수익을 얻는 꼴입니다.

배당금 자동 재투자, 수익률은 더 커져요

그럼 2억원을 배당형 ETF에 넣으면 어떨까요? 국내 대표 배당형 ETF의 평균 연 배당률은 3.5~4.5% 수준입니다. 배당률이 4%인 ETF에 2억 4천만원을 투자했다고 하죠. 연 배당금은 960만원, 월 80만원을 받을 수 있습니다.

매월 받은 배당금을 재투자하는 TR ETF라면 수익은 더 커집니다. 1년이면 세금(15.4%)을 제하고 812만원을 더 벌 수 있습니다. 여기에 복리의 마법이 적용됩니다. 2년 후 2,527만원, 5년 후 4,345만원, 10년 후 8,922만원이 불어납니다. 10년 후 원금 2억 4천만원에 8,922만원이 더해져 총 3억 2,922만원을 손에 쥐겠네요. 원금 대비 37%나 늘어났습니다.

자, 그럼 같은 2억원으로 오피스텔을 산다면 어떨까요? 연 환산 임대수익률을 5%로 봤을 때 단순하게 계산하면 월 83만 3천원의

배당금을 재투자하는 TR ETF 수익률 시뮬레이션 (단위:원)			
투자기간	원금 대비 순이익(원)	세후 누적자산(원)	원금 대비 수익률(%)
1년	812만	2억 4,812만	3.38
3년	2,527만	2억 6,257만	10.5
5년	4,345만	2억 8,345만	18.1
7년	5,289만	3억 289만	22
10년	8,922만	3억 2,922만	37.1

※ 투자금 2억4000만원, 연 평균 배당률 4%, 세후 재투자율 84.6% 적용.

소득이 있습니다. 하지만 앞서 언급했듯이 1년 단위로 임대계약이 이루지기 때문에 매년 중개수수료를 내야 할 수 있습니다. 월세 중개수수료는 환산보증금(보증금+월세×100)의 0.4%라고 보면 됩니다. 대략 연간 40만원의 중개수수료에 도배나 장판을 새로 깔아주는 데 20만~30만원, 재산세와 종합부동산세로 200만원 정도를 낸다고 보면 수익률은 3.7%로 뚝 떨어집니다.

물론 보유하고 있는 동안 오피스텔 매매가격이 오를 수도 있습니다. 반대로 ETF는 원금 손실이 있을 수 있죠. 부동산 경기가 침체해 오피스텔 월세가 떨어질 수도 있고, 증시가 가라앉으면서 ETF 배당금이 줄 수도 있습니다. 결국 투자 결정과 그로 인한 손익은 오롯이 투자자 본인의 몫이지만, 어떤 방식이 더 적합할지는 꼼꼼히 따져봐야 하겠습니다.

- 오피스텔 임대수익은 안정적이지만 세금·공실 등 관리 부담이 커요.
- 배당형 ETF는 월세처럼 수익을 얻으면서도 운용이 간편해요.
- ETF는 유동성과 투명성이 높아 자금이 묶이지 않고 쉽게 현금화돼요.

"각자 나이에 따라 ETF 전략도 당연히 달라져야 해요.
20대는 성장 자산에, 50대는 안정과 현금 흐름에 집중해야 해요.
핵심-위성 전략과 TDF로 평생 이어갈 투자 습관을 만들 수 있어요."

9장
20대부터 시작하는
평생 ETF 투자

'100-나이'라는
연령대별 투자 공식이 뭐죠?

'100 – 나이'라는 연령대별 투자 공식을 활용해보면, 20대엔 '100 – 20',
즉 80이니까 주식형에 80%의 자산을 넣어야 합니다.
하지만 한 설문 조사에 따르면 젊은 세대의 투자 성향은 오히려 보수적인 편입니다.

실제 개인의 투자 성향이나 투자 목표는 사람마다 천차만별일 수 있습니다. 보수적인 20대가 있고, '야수의 심장'을 가진 50대가 있을 수 있죠. 각자의 투자 성향에 맞게 포트폴리오를 구성할 때 참고할 수 있는 ETF 투자 전략을 소개합니다.

'100-자기 나이'라는 투자 공식이 있습니다. 자산 배분에 있어 자주 쓰이는 이 공식은 숫자 100에서 자신의 나이를 뺀 만큼 공격형 자산(주식형)에 투자하라는 의미를 담고 있습니다. '시간이 내편'인 2030 세대는 투자기간이 긴 만큼 수익률이 높은 공격적인 투자를 하는 것이 좋고, 반대로 은퇴 이후 생활비를 마련해야 하는 장년층의 경우엔 '잃지 않는 투자'를 해야 한다는 거죠.

이 공식을 활용해보면, 20대엔 100-20, 즉 80이니까 주식형에 80%의 자산을 넣어야 합니다. 하지만 한 설문조사에 따르면 젊은 세대의 투자 성향은 오히려 보수적인 편입니다. "현재 투자를 하고 있다"고 답한 20대의 대부분은 "안전 자산인 예·적금에 투자하고 있다"는 응답률(78%)이 전 세대 중 가장 높았습니다. 투자 자산을 선택하는 기준이 '안전'이라고 답한 사람도 20대(57%)가 가장 많았습니다. 심지어 주식에 투자하는 20대조차 "안전해서(43.7%)" 주식에 투자한다고 답할 정도였죠(2024년 중앙일보 '머니랩' 조사).

연금 선진국 호주의 사례

최근에는 이 공식이 깨지고 있는 추세입니다. 연금 선진국으로 불리는 호주의 사례를 보죠. 호주 최대 연기금인 '오스트레일리안수퍼'의 디폴트옵션(Balanced option, 균형형)의 10년 연평균 수익률은 7.94%에 달합니다. 한국 퇴직연금의 최근 10년 연환산 수익률은 2.31% 수준임을 감안하면 입이 떡 벌어지는 성적표죠. 연금의 장기 복리효과를 감안하면 이 격차는 더 커질 수 밖에 없습니다.

호주의 연금이 기록한 높은 수익률의 비결은 뭘까요? 한국 투자자들은 대부분 '연금=안정성'이라고 생각해 원금 보장 상품을 선호하는 편입니다. 하지만 호주인들이 생각하는 '균형형'의 기준은 우리와 큰 차이를 보였습니다. 오스트레일리안수퍼 가입자가 가장 많이 가입하는 디폴트 옵션의 경우 국내(호주) 주식 비중이 24.7%, 글로벌 주식 비중이 32.1%, 사모펀드 비중이 5% 수준입니다. 고정 금리 상품(12.9%)이나 채권(3.4%) 등에 대한 비중은 낮은 편이죠. 그만큼 연령에 관계없이 성장 자산에 투자하는 비중이 높다는 걸 의미합니다.

실제 개인의 투자 성향이나 투자 목표는 사람마다 천차만별일 수 있습니다. 보수적인 20대가 있고, '야수의 심장'을 가진 50대가 있을 수 있죠. 각자의 투자 성향에 맞게 포트폴리오를 구성할 때 참고할 수 있는 ETF 투자 전략을 소개합니다.

- '100-나이' 공식은 나이에 맞춰 주식 비중을 정하는 기본 원칙이에요.
- 젊을수록 성장 자산, 장년층일수록 안정 자산에 무게를 두는 게 좋아요.
- 투자 성향은 사람마다 다르므로, 자신만의 비중을 찾는 게 중요해요.

'핵심-위성 전략'이란 게 도대체 뭔가요?

'핵심-위성 전략'으로 포트폴리오를 짠다면 시장 평균 수익률을 어느 정도 따라가면서도
위성 자산에서 시장 수익률을 웃도는 성과가 나오게 됩니다.
전체적으로 '시장 수익률 +알파(a)'를 추구할 수 있는 거죠.

ETF로 투자 포트폴리오를 구성할 때 단골 손님으로 등장하는 개념이 바로 '핵심-위성(Core-Satellite)' 전략입니다. 행성과 그 주위를 도는 위성처럼 핵심 자산은 대표지수 ETF에 투자하고, 위성 자산으로 초과 수익을 기대할 만한 ETF를 배치하는 겁니다.

식당을 예로 들어보죠. 설렁탕이 메인요리지만, 깍두기가 시원하고 맛있어서 인기를 끄는 경우가 있죠. 유명한 식당일수록 맛있는 반찬의 역할을 무시할 수 없습니다. 투자의 세계에서도 이런 노하우가 중요합니다. '핵심(설렁탕)'은 장기적인 성장이 담보된 코어 자산에 투자하되, 여기에 시장 수익률 이상의 성과를 낼 수 있는 '위성(깍

두기)'을 함께 내놓는 거죠.

위성이 꼭 하나만 있으란 법은 없습니다. 행성 주위로 다양한 위성을 배치할 수 있습니다. 한국투자신탁운용의 도움을 받아 '핵심-위성' 전략을 활용한 포트폴리오 예시를 짜보겠습니다.

위성 자산에서 시장 수익률을 웃도는 성과가 나오려면?

우선 성장주 중심의 포트폴리오를 만들 수 있는 핵심-위성 전략입니다. 핵심 자산으로는 ACE 미국나스닥100을 담고, 위성으로 성장 자산을 30% 담습니다. 글로벌반도체나 빅테크 종목, 휴머노이드 로봇, 자율주행 등 앞으로 성장 가능성이 높아 보이는 테마형 ETF를

핵심-위성 전략을 활용한 포트폴리오 예시		
포트폴리오 유형	구분	ETF
테크 중심 포트폴리오	핵심 40%	ACE 미국나스닥100
	위성(성장) 30%	ACE 글로벌반도체TOP4Plus, ACE 미국빅테크TOP7Plus
	위성(안전) 30%	ACE 미국나스닥100미국채혼합50액티브
월배당 중심 포트폴리오	핵심 40%	ACE 글로벌인컴TOP10
	위성(배당) 30%	ACE 미국반도체데일리타겟커버드콜(합성), ACE 미국빅테크7+데일리타겟커버드콜(합성)
	위성(안전) 30%	ACE 미국배당퀄리티채권혼합50

자료: 한국투자신탁운용

담으면 됩니다. 나머지 30%는 안전 자산에 투자하는 ETF로 포트폴리오를 마무리하면 됩니다.

이렇게 포트폴리오를 짠다면 시장 평균 수익률을 어느 정도 따라가면서도 성장성 높은 위성 자산에서 시장 수익률을 웃도는 성과가 나오게 됩니다. 전체적으로 '시장 수익률 + 알파(a)'를 추구할 수 있는 거죠.

꼭 행성(코어 자산)을 미국 대표지수 ETF로 구성할 필요는 없습니다. 매월 '따박 따박' 현금 흐름이 중요한 투자자라면 코어와 위성을 월배당 중심의 포트폴리오로 구성하면 됩니다. 핵심 자산으로 ACE 글로벌인컴TOP10을 두고, 월배당 상품인 ACE 미국반도체데일리타겟커버드콜(합성)과 'ACE 미국빅테크7+데일리타겟커버드콜(합성)' 등으로 위성을 구성합니다. 여기에 안전자산에 투자하는 상품 비중도 30% 정도로 가져가면 좋겠죠.

- 핵심-위성 전략은 대표지수 ETF에 테마형 ETF를 더하는 방식이에요.
- 핵심은 안정을 노리는 역할이고, 위성은 초과 수익을 노리는 역할이에요.
- 성장형·월배당형 등으로 조합해 맞춤 포트폴리오를 만들 수 있어요.

왕 중의 왕,
'[ETF of ETF]' 투자법은?

분산 투자는 역시나 중요합니다. ETF의 존재 의미는 분산 투자라고 해도 과언이 아니죠.
ETF는 태생부터 '분산 투자의', '분산 투자에 의한', 그리고 '분산 투자를 위한'
상품으로 태어났습니다.

"계란을 한 바구니에 담지 말라"는 말이 있죠. 포트폴리오(바구니)에 종목(계란)을 다양하게 담아야 투자 위험을 최소화 할 수 있다는 의미로, 분산 투자의 중요성을 말할 때 자주 쓰는 표현입니다.

이 발언의 첫 출발점은 미겔 데 세르반테스가 쓴 유명한 풍자 소설 〈돈키호테〉입니다. 실제 돈키호테 원문에는 정확히 계란과 바구니에 해당하는 문장은 없다고 해요. 스페인 소설을 영미권으로 옮겨오는 과정에서 의역이 된 건데요, 스페인어 원문에선 "지혜로운 사람은 내일을 위해 오늘을 아껴두고, 하루에 모든 것을 걸지 않는다"라고 표현되어 있다고 합니다.

이 말이 "계란을 한 바구니에 담지 않는다"는 말로 번역되면서 오늘날의 명언이 탄생한 것이죠. 원문의 메시지를 투자의 관점에서 재조명해본다면 시간에 대한 분산 투자를 강조한 것으로 해석할 수 있습니다. 이에 비해 "계란을 한바구니에 담지 말라"는 표현은 자산에 대한 분산을 의미하는 것에 더 가깝겠죠.

EFT의 존재 의미는 분산 투자

시간에 대한 분산이든, 자산에 대한 분산이든, 지역에 대한 분산이든, 분산 투자는 역시나 중요합니다. 특히 ETF의 존재 의미는 분산 투자라고 해도 결코 과언이 아니죠. ETF는 태생부터 '분산 투자의', '분산 투자에 의한', 그리고 '분산 투자를 위한' 상품으로 태어났습니다.

최근에는 ETF를 묶어서 만든 ETF가 새로운 트렌드로 떠오르고 있습니다. 'ETF의 ETF(ETF of ETF)'로 불리는 상품입니다. '이미 ETF로 분산 투자를 했는데, 이걸 또 ETF로 묶는다고?'라는 의문이 드실 수 있으실 겁니다. 하지만 ETF의 종류가 너무 많고 스타일이 다양하다 보니 ETF의 수익률 변동성이 생각보다 클 수가 있습니다.

액티브 ETF나 레버리지 ETF는 변동성이 더 클 수밖에 없고, 무엇보다 ETF 자체가 분산 투자가 아닐 가능성이 있습니다. 즉 미국의 빅테크 종목만을 한 바구니에 담은 ETF에 투자했다면 분산 투자를 했다고 볼 수 없죠. 마치 모자와 옷, 신발 등 다양한 물건을 샀다고 생각했지만 온통 여름용 아이템만 가득한 것과 같다고나 할까요. 이럴 때 다양한 콘셉트의 ETF를 한데 묶으면 분산 효과를 최대로 키울 수 있습니다.

예컨대 타임폴리오자산운용은 2025년 10월 'TIME 글로벌탑픽액티브 ETF' 상품을 상장했는데요, 국내외 ETF에 분산 투자하면서 시장 상황에 따라 ETF별 비중을 조정해 초과 수익을 얻는 게 목표입니다. 시장을 주도하는 섹터와 기업이 바뀔 때마다 능동적으로 리밸런싱(자산 재조정)을 해주기 때문에 '편안한 투자'를 할 수 있다는 장점이 있습니다.

변동성 낮추고, 적극적인 리밸런싱이 가능

지역이나 투자 자산을 분산해 자산 배분 효과를 극대화할 수 있는 ETF 상품도 있습니다. 예컨대 'RISE 글로벌자산배분액티브 ETF'를 살펴보죠. 이 상품은 세계 최대 헤지펀드인 브리지워터 어소시에이츠(Bridgewater Associates)를 창립한 레이 달리오(Ray Dalio)의 포트폴리오에서 착안했습니다.

레이 달리오는 '투자계의 스티브 잡스'로 불릴 정도로 혁신적인 투자자로 꼽히는 인물입니다. 어떤 경제 상황에서도 안정적 수익률을 낼 수 있는 '올 웨더(All Weather) 전략'으로 알려진 포트폴리오를 고안했죠. 'RISE 글로벌자산배분액티브 ETF'는 레이 달리오의 올 웨더 전략을 참고해 최적의 자산 배분과 투자 비중을 선택하도록 설계되었습니다. 매 분기 리밸런싱으로 미국주식, 국내채권, 금을 30:55:15의 비중으로 유지합니다.

이것만은 꼭!

- 여러 ETF를 묶어 더 넓은 분산 투자를 실현하는 'ETF of ETF'도 있어요.
- 시장 변화에 맞춰 비중을 조정해 변동성을 낮추고 안정적 수익을 노려요.
- 주식·채권·금 등을 함께 담아 균형 잡힌 포트폴리오를 만들 수도 있죠.

생애주기에 따라 알아서 투자, TDF 활용법

TDF를 꼭 은퇴 대비용으로만 활용해야 하는 것은 아닙니다.
빈티지가 2060이라면 성장 자산에 투자하는 비중이 높고, 2030이라면
안전 자산에 투자하는 비중이 높다는 점을 활용해 다양한 전략을 구사할 수 있죠.

와인을 좋아하시는 분들은 '빈티지'라는 개념을 아실 겁니다. 와인에 있어 '빈티지(vintage)'는 '포도를 수확하다'라는 의미의 프랑스어 'vendange'에서 유래했습니다. 포도를 수확하다는 의미가 그해 수확한 포도로 만든 와인을 뜻하게 된 겁니다. 와인에서 빈티지가 중요한 이유는 같은 와인이라도 언제 수확했느냐에 따라 맛이 달라지기 때문이죠. 예를 들어 2005년 생산된 프랑스 보르도 와인은 '그레이트 빈티지'로 알려져 있습니다. 와인평론가인 로버트 파커는 "내가 경험한 최고의 빈티지"라고 평가했죠.

투자의 세계에서도 마찬가지입니다. 같은 금융상품이라도 언

제 수확했느냐(매도 시점)에 따라 맛(수익률)이 크게 달라질 수 있습니다. 아예 이런 개념을 투자에 적용한 상품이 있는데요, 바로 TDF(Target Date Fund, 타깃데이트펀드) 상품입니다. TDF는 말 그대로 자금을 필요로 하는 목표 시점(Target Date)을 정해 놓은 뒤 이 목표 시점까지 투자 비중을 자동으로 조정해가는 펀드입니다.

와인처럼 수확시기 따라 수익률이 달라져요

보통 투자자가 은퇴하는 시점에 맞춰서 주식과 채권 비중을 조정해 나가도록 설정됩니다. 초기에는 주식 등 기대수익률이 높은 위험 자산에 투자하고, 은퇴 시점이 다가올수록 채권 등 안전자산 투자 비중을 늘리는 식으로 운용되죠.

이런 TDF 상품도 ETF 형태로 손쉽게 투자할 수 있습니다. 국내에서 순자산이 가장 많은 'KODEX TDF2050액티브' 상품을 예로 들어보겠습니다. 상품명에서 등장하는 숫자인 2050이 바로 빈티지입니다. 2050년에 은퇴하는 투자자를 위한 ETF라는 뜻이죠. 2050년에 은퇴를 앞둔 30대가 은퇴 준비를 위해 많이 투자하는 상품일 겁니다.

하지만 TDF를 꼭 은퇴 대비용으로만 활용해야 하는 것은 아닙니다. 빈티지가 2060이라면 그만큼 성장 자산에 투자하는 비중이 높고, 2030이라면 그만큼 안전 자산에 투자하는 비중이 높다는 점을 활용해 다양한 전략을 구사할 수 있죠.

이런 TDF의 성격을 잘 이해하면 꼭 은퇴가 아니라도 생애 주기별로 목돈을 마련하는 데 TDF를 요긴하게 활용할 수 있습니다. 'ETF로 드는 적금'이라고 볼 수 있는데요, 적금과 달리 원금 보장은 안되지만 적금처럼 원하는 시기에 원하는 자금을 마련하는 데 유용하게 쓸 수 있습니다. 현재 20대인 청년의 경우 30대 때 결혼 자금을 마련할 용도라면 지금으로부터 10년 뒤인 2035년 빈티지를 선택하면 됩니다. 자녀가 태어났는데 20년 뒤 자녀의 대학등록금을 마련하고 싶다면 2045년 빈티지를 선택하면 되는 식이죠.

- TDF는 목표 시점에 맞춰 주식과 채권 비중을 자동으로 조정해줘요.
- 2050 같은 숫자는 은퇴나 자금 사용 시점을 뜻하는 '빈티지'예요.
- 은퇴 준비뿐 아니라 결혼·교육자금 등 생애 주기별 목표에도 활용돼요.

지금 바로 도전!
실전 포트폴리오 세우기

65세에 은퇴해도 거의 20년의 투자 기간이 남아 있기 때문에 안정성을
챙기면서 성장자산에도 투자해야 합니다. 반면에 30~50대 자산 축적 단계에 있는
사람은 성장자산에 더 많이 투자해야 합니다.

앞에서 설명한 포트폴리오 전략을 바탕으로 이제 좀 더 구체적인 포트폴리오를 짜보죠. 국내 '빅 2' 자산운용사인 삼성자산운용과 미래에셋자산운용의 도움을 받아 연령별 세부적인 포트폴리오를 짜보 았습니다. 이를 참고해 자신의 연령대나 투자 성향에 맞는 포트폴리 오를 구성해 볼 수 있을 겁니다. 연금 계좌를 활용해 투자할 경우엔 세제 혜택까지 받을 수 있어 일석이조의 효과를 거둘 수 있습니다.

알렉스 자이카 글로벌엑스 호주(Global X Australia) CEO는 중앙 일보 인터뷰에서 "65세에 은퇴해도 거의 20년의 투자 기간이 남아 있기 때문에 안정성을 챙기면서 성장자산에도 투자해야 한다. 반면에 30~50대 자산 축적 단계에 있는 사람은 성장자산에 더 많이 투자해야 한다. 분산도 여러 방향으로 해야 한다. 주식과 채권뿐만 아니라, 주식 내에서도 국내 주식, 해외 주식, 선진국, 신흥국, 그리고 테마형 자산들도 위성 투자로 활용해야 한다"고 조언했습니다.

젊을수록 '시간은 내편', 분산 투자해야 돼요

페어홀름 캐피탈의 설립자인 브루스 버코위츠는 2010년 모닝스타가 발표한 '10년간 펀드매니저 중 탁월한 성과를 낸 사람'으로 선정될 정도로 시장 대비 높은 성과를 냈습니다. 그의 투자 전략은 확신 있는 소수의 기업에 집중해서 투자하는 것이었죠. "분산 투자를 하면 할수록 성과는 평균 정도에 그친다"는 게 그의 지론이었습니다. 분산 투자와 반대되는 집중 투자를 주무기로 내세웠던 겁니다.

버코위츠의 이런 전략이 위기에 봉착한 때가 있습니다. 그가 집중 투자했던 대표적인 종목인 아메리칸인터내셔널그룹(AIG)의 주가는 2011년 한 해에만 50% 이상 폭락했습니다.

투자를 이제 막 시작하는 2030세대는 '장기 성장'과 '분산 투자'라는 두 마리 토끼를 잡아야 합니다. 젊은 세대일수록 '몰빵' 투자에 대한 유혹에 끌릴 수 있습니다. '티끌은 모아도 티끌'이라는 자조섞인 말이 나올 정도니까요. 하지만 젊을수록 '시간은 내편'이라는 신념을 가지고 장기 성장과 분산 투자에 집중해야 합니다.

'시간의 힘'이 무기인 2030세대를 위한 포트폴리오

2030세대의 포트폴리오는 성장성이 높은 미국 주식 중심의 성장 지향형 전략을 추천합니다. 2030세대는 장기 투자를 할 수 있는 여력이 있기 때문에 기술 산업의 구조적인 성장에 참여해 투자 수익률을 끌어 올려야 합니다. 휴머노이드로봇이나 자율주행차 같은 미·중 첨단 산업과 관련한 미래 테마형 ETF를 적극적으로 활용할 수 있습니다.

포트폴리오 예시는 다음과 같아요. 'KODEX 미국S&P500'과 'KODEX 미국나스닥100'을 기본으로 30% 정도의 비중으로 담아두고, 'KODEX 미국AI테크TOP10'과 'KODEX 미국휴머노이드로봇', 'KODEX 차이나휴머노이드로봇' 등을 50% 비중으로 추가합니다. 이는 미국의 AI 산업과 미국·중국의 휴머노이드 로봇 산업의 폭발적인 성장을 내다본 투자 포트폴리오입니다. 여기에 국내 대표지수인 KODEX 200도 일정 부분(20%) 담아 포트폴리오를 완성합니다. 이렇게 하면 미래 성장성을 확보하고 장기 복리 효과를 극대화할 수 있는 포트폴리오를 구성할 수 있습니다.

자산증식이 필요한 3040세대를 위한 포트폴리오

3040세대는 소득이 정점으로 향하면서 자산을 본격적으로 불리는 시기이죠. 검증된 지수 ETF와 성장 테마 ETF의 조화가 가장 중요한 시기로, 핵심-위성 전략을 그 어느 때보다 적절히 구사해야 합니다. 미국 대표지수를 핵심 자산으로 담아 글로벌 성장에 참여하면서, 동시에 AI 및 첨단 산업 테마 ETF를 활용해 중장기 초과수익을 추구해야 합니다.

포트폴리오의 구체적인 예시를 들어보죠. 'KODEX 미국 S&P500', 'KODEX 미국나스닥100'을 핵심 자산으로 30% 비중으로 가져가고, 여기에 위성 전략으로 AI 테마(미국·중국)를 40% 비중으로 가져갑니다. 'KODEX 미국AI전력핵심인프라' 'KODEX 미국AI소프트웨어TOP10' 'KODEX 차이나AI테크액티브' 등을 담을 수 있겠네요. 마지막으로 국내 대표지수인 KODEX 200(20%)과 KODEX 금액티브 등 원자재(10%)를 추가해 포트폴리오를 완성할 수 있습니다.

'굳히기'가 필요한 4050세대를 위한 포트폴리오

4050세대의 투자 목표는 성장과 안정의 밸런스를 추구하면서도 '잃지 않는 투자'를 해야 합니다. 미국과 한국의 주식시장 성장에 참여하면서도, 꾸준한 배당과 안정적인 현금 흐름을 놓치지 말아야겠죠. 월배당 ETF를 활용해 퇴직 이후에도 일정한 수익 흐름을 유지할 수 있도록 하는 전략이 필수적입니다.

우선 미국 대표지수인 'KODEX 미국S&P500'과 'KODEX 미국나스닥100'을 25% 수준으로 담고, 미국 AI 테마를 25% 수준으로 담습니다. 예를 들면 'KODEX 미국AI전력핵심인프라' 'KODEX 미국AI테크TOP10' 'KODEX 미국휴머노이드로봇' 등입니다. 여기에 'KODEX 미국배당커버드콜액티브' 'KODEX200타켓위클리커버드콜' 등(40%)도 비중 있게 가져갑니다. 마지막으로 'KODEX 금현물'을 10% 비율로 담아 안정성을 확보합니다.

'평생 월급' 만들어야 할 5060세대를 위한 포트폴리오

5060세대는 은퇴 후 안정된 생활을 위한 '현금 파이프라인(부수입)'을 만드는 것이 핵심 목표일 텐데요, 배당과 월지급형 ETF를 중심으로 연금 인출기에 적합한 포트폴리오를 짜야 합니다. '마르지 않는 우물'처럼 주식 시장이 오를 때 원금을 불리면서 안정적인 배당 수익을 얻는 데도 집중해야 하죠. 이와 함께 금, 채권 등 안전자산 역시 일정 비중을 가져가면서 인플레이션과 경기 침체 등에도 대비해야 합니다.

구체적인 포트폴리오 예시는 다음과 같습니다. 미국 대표지수('KODEX 미국S&P500')를 20% 정도 가지고 가면서 미국과 국내의 월배당 상품인 'KODEX 미국배당커버드콜액티브'와 'KODEX 200타켓위클리커버드콜' 등 커버드콜 상품을 40% 정도 포함합니다. 여기에 'KODEX 금액티브', 채권('KODEX 미국10년국채액티브H' 'KODEX 머니마켓액티브') 등의 안전 자산을 30% 정도 포함하면 포트폴리오는 완성됩니다.

2030세대를 위한 포트폴리오

투자 시기가 긴 만큼 'TIGER 토털월드스탁액티브' ETF로 전 세계 50여 개국, 9천여 개 종목에 분산 투자하며 지속적인 글로벌 성장에 참여합니다. 여기에 국내 고배당 및 재무 건전성이 우수한 기업에 투자하는 'TIGER 코리아배당다우존스 ETF'를 병행해 위험 자산에 투자하는 비중을 60% 정도로 가져갑니다. 나머지 40%로는 안전한 투자 자산을 담습니다. 'TIGER KRX 금 현물 ETF'와 'TIGER 머니마켓 액티브 ETF' 등이 예가 될 수 있습니다.

금 ETF는 인플레이션과 지정학적 리스크에 강한 실물자산이며, 머니마켓 ETF는 초단기 채권 중심으로 금리와 시장의 변동성을 방어하는 데 효과적입니다. 이렇게 하면 위험자산 60%, 안전자산 40%의 포트폴리오를 구성할 수 있습니다.

10년차 이상 직장인을 위한 포트폴리오

10년차 이상의 직장인은 어느 정도 투자 경험을 갖췄기 때문에 핵심-위성 전략을 더 적극적으로 구사할 수 있습니다. 우선 코어 투자는 미국 대형주 위주의 ETF로 구성해둡니다. 'TIGER 미국 S&P500 ETF' 등 저비용·고분산 구조의 상품을 통해 장기 투자의 기본 축을 만들어놓는 겁니다. 여기에 'TIGER 미국나스닥100 ETF'를 더해 산업의 구조적인 성장에도 투자합니다. 나스닥100 ETF에 투자해 빅테크·소프트웨어·플랫폼 기업 위주의 성장주 비중을 높일 수도 있습니다. 이렇게 미국 대표 지수를 전체 포트폴리오의 60% 정도로 배분합니다. 나머지 30%는 위성 전략으로 테마형 성장주 투자에 집중합니다.

예를 들어 'TIGER 미국필라델피아AI반도체나스닥 ETF'나 'TIGER 글로벌AI액티브 ETF' 등 성장이 기대되는 AI 산업에 보다 집중적으로 투자하는 상품을 배치하는 거죠. 여기에 나머지 10% 정도는 헤지용으로 주식과 상관관계가 낮은 상품을 담습니다. 'TIGER KRX금현물 ETF' 등을 활용하면 인플레이션과 지정학적 리스크에 대비할 수 있습니다.

정년을 앞둔 직장인을 위한 노후자금 포트폴리오

정년을 앞둔 직장인에게는 안정성과 현금 흐름을 동시에 확보하는 것이 중요합니다. 이를 위해 포트폴리오는 크게 '3·3·4'의 법칙으로 구성합니다.

첫 번째 축은 현금 흐름 강화입니다. 'TIGER 미국배당다우존스타겟커버드콜'과 'TIGER 미국나스닥100타겟커버드콜' ETF를 활용해 매달 안정적인 배당금을 확보합니다. 커버드콜 ETF는 주가가 강하게 상승할 경우 수익이 제한될 수 있지만, 변동성을 막아주며 월 단위 현금 흐름을 만들어주는 장점이 있습니다.

두 번째 축은 배당 성장입니다. 미국과 국내의 우량 배당주에 투자하는 'TIGER 미국배당다우존스'와 'TIGER 코리아배당다우존스'

ETF를 통해 장기적이고 지속가능한 배당 수익을 마련합니다.

마지막 축은 위험 대비용 투자입니다. 'TIGER 머니마켓액티브 ETF'는 초단기 채권 중심으로 운용되어 금리와 시장 변동성에 대응하며, 안정적인 수익을 제공합니다. 안전 및 헤지 자산은 전체 포트폴리오의 약 40%를 차지하도록 설계합니다.

이렇게 '3·3·4'의 법칙으로 포트폴리오를 구성하면 은퇴 이후에도 안정적인 현금 흐름을 만들 수 있습니다.

- '100-나이' 공식은 연령에 맞게 주식·안전자산 비중을 정하는 원칙이에요.
- 핵심-위성 전략으로 대표지수와 성장 테마 ETF를 함께 담으면 좋아요.
- 젊을수록 성장·분산에 집중하고, 중장년층일수록 안정적 현금 흐름에 집중해요.

부록

ETF 투자자라면
꼭 알아야 할
ETF 관련 용어

MTS (모바일 트레이딩 시스템)	스마트폰을 활용해 주식 등을 거래할 수 있는 시스템
개인종합자산관리계좌(ISA)	다양한 금융상품을 한 계좌에서 운용할 수 있는 만능통장
개인형퇴직연금계좌(IRP)	근로자가 재직 중에 가입할 수 있는 퇴직연금 상품
배당 성향	배당금 총액을 당기순이익으로 나눈 비율로, 숫자가 높을수록 회사가 이익을 주주 배당으로 많이 준다는 뜻
배당수익률	주가 대비 1년 동안 지급된 배당금의 비율
타깃데이트펀드(TDF)	목표 시점을 정해놓고 해당 시점까지 위험·안전 자산에 대한 투자 비중을 자동으로 조정하는 펀드
순자산 가치(NAV)	매일 장 마감 이후 자산의 가치와 수량 변화를 토대로 계산하는 ETF 1좌당 순자산 가치
실시간 추정 순자산 가치 (iNAV)	ETF가 보유한 기초자산의 가치를 실시간으로 추정한 값
시장가격	ETF가 증권거래소에서 거래되는 실시간 가격
기준가격	ETF가 상장될 때 자산운용사가 정하는 1좌당 가격
기초지수	ETF가 추종하고자 하는 지수
총보수	ETF 투자자가 부담하는 보수의 합. 운용보수·신탁보수·판매보수 등을 모두 포함한 것으로 ETF 수익률에 일간단위로 반영
합성총보수	총보수에 더해 추가 비용까지 반영한 실제 총 비용
커버드콜	ETF가 보유한 주식(기초자산)을 담보로 옵션 프리미엄(수수료)을 추가 수익으로 얻는 전략
분배금	ETF가 보유한 주식에서 발생하는 현금 배당금을 모아 투자자에게 지급하는 것
분배락	ETF가 분배금을 지급함에 따라 그만큼 기준가격(NAV)이나 시장가격이 떨어지는 현상
레버리지	우리 말로 '지렛대'란 뜻으로 자본금을 지렛대 삼아 더 많은 외부 자금을 차입하는 것을 의미한다. 차입금을 투자에 활용해 수익률을 2배, 3배로 극대화할 수 있지만, 손실도 커질 수 있음

인버스	우리 말로 '거꾸로'라는 뜻으로, 주식 거래에서 주가가 떨어질 때 수익을 얻는 펀드를 인버스 펀드라고 함
곱버스	지수가 하락할 때 그 하락폭의 여러 배로 수익이 나도록 설계된 레버리지 인버스 ETF
공매도	주가 하락을 예측하고 주식을 빌려 판 뒤, 나중에 주가가 예측대로 내리면 다시 싼 값에 주식을 사서 되갚는 방식으로 수익을 내는 거래 방식
티커	거래소에서 ETF나 주식을 식별하기 위해 붙인 고유한 약어
시가총액	기업 또는 ETF의 전체 규모를 의미하며, 현재 주가에 총 발행 주식수(또는 ETF 좌수)를 곱한 금액
배당성장	기업이 매년 배당금을 늘려가는 추세
리츠(REITs, 부동산투자신탁)	부동산 관련 자산에 투자하고, 임대수익이나 매각차익을 투자자에게 분배하는 상품
호가	주식을 거래할 때 사려는 사람과 팔려는 사람이 각각 원하는 가격. 사려는 사람이 부르는 값이 매수호가이고, 팔려는 사람이 부르는 값이 매도호가임
유동성 공급자 (LP, Liquidity Provider)	ETF의 원활한 거래를 위해 매수·매도 호가를 지속적으로 제시하는 기관
괴리율	ETF의 시장가격이 순자산 가치(NAV)와 얼마나 차이가 나는지를 나타내는 비율
추적오차	ETF가 목표로 하는 지수의 수익률과 실제 수익률 간의 차이
운용 수수료	ETF를 운용하는 자산운용사가 투자자에게 운용 서비스 제공 대가로 받는 연간 비용
환헤지	환율 변동에 따른 손실을 피하기 위해 미래의 환율을 현재 시점에서 고정하는 금융 거래
봉차트(캔들차트)	일정 기간 동안의 시가·고가·저가·종가를 하나의 봉(캔들·촛대) 형태로 표시한 차트
월배당	매달 발생한 배당금을 투자자에게 지급하는 방식
배당금	기업이 이익의 일부를 주주에게 현금이나 주식 형태로 분배하는 것

지정 참가회사(AP, Authorized Participant.)	ETF의 신규 발행(설정)과 환매(해지)를 담당하는 기관
환매	투자자가 보유한 펀드 가입을 해지하고 운용에 따른 손익이 반영된 투자금을 돌려받는 것
패시브 ETF	특정 기준지수를 그대로 따라가도록 설계된 ETF
액티브 ETF	펀드매니저가 시장 상황과 종목 분석을 바탕으로 적극적으로 매매 전략을 수행하는 ETF
스프레드	매수호가와 매도호가의 차이
유동성	특정 주식이나 펀드가 활발하게 거래되는 정도
원천징수	배당금이나 이자 등의 소득을 지급할 때, 지급자가 세금을 미리 떼어(징수해) 납부하는 제도
금융소득종합과세	개인이 한 해 동안 받은 이자와 배당 등 금융소득이 일정 금액(2천만원)을 초과할 경우, 다른 소득(근로·사업 등)과 합산해 누진세율로 과세하는 제도
배당소득세	상장사에게 받은 배당금에 부과되는 세금. 세율은 국세 14%, 지방소득세 1.4%를 합쳐 15.4%임
벤치마크(BM, Benchmark)	운용 성과가 목표 지수 대비 얼마나 우수한지를 판단하는 지표
손익통산	투자에서 발생한 이익과 손실을 합산해 순이익에 대해서만 세금을 적용하는 방식
과세이연	이익 실현 시점까지 세금을 미루는 제도
분리과세	금융소득을 다른 소득과 합산하지 않고, 일정 세율로 따로 과세하는 것
상관계수	두 변수 사이의 움직임이 얼마나 관계가 있는지 나타내는 수치. 0에 가까울수록 관계가 없고, 1에 가까울수록 같은 방향으로 움직이고, -1에 가까울수록 반대방향으로 움직이는 관계라는 의미
선물(Futures, 先物)	미래의 일정 시점에 정해진 가격으로 자산을 사고팔기로 한 계약
ELS(주가연계증권)	주가나 지수의 변동에 따라 수익이 결정되는 파생상품

신탁	주식, 부동산 등 자산을 소유한 사람이 신뢰할 수 있는 개인이나 기관에 재산의 관리·운용·처분을 맡기는 것
포트폴리오	투자자가 보유한 자산들의 구성으로, 위험을 분산하고 수익을 극대화하기 위한 조합
핵심-위성(Core-Satellite) 전략	핵심 자산은 안정적인 대표 지수에 투자하고, 위성으로 초과 수익률을 낼 수 있는 성장형 자산으로 포트폴리오를 구성하는 전략